稲垣説子

アセンションボディになる

願ったことが必ず叶う12次元世界に戻る秘密

徳間書店

アセンションとは、現在の3次元から
5次元に行くことです。
そこはパラダイスです。隷属《れいぞく》支配がありません。
いま地球には再び
アセンションのチャンスが訪れているので、
大天使たちやアセンデッド・マスター、
神々たちが皆こぞって応援に来ているのです。

私たちは今回、肉体を持ったまま
アセンションすることができます。

ブッダやキリストなど、
かつてのアセンデッド・マスターたちでも、
死後でなければ
アセンションできなかったことを思うと、
これは大きな得典です。

地球は今後、アセンションして
パラダイスに向かいます。
まだ3次元にとどまって、
闇やカルマを体験したいのなら、
肉体を離れたあとは、
用意されている別の惑星へ行くことになります。
それを選ぶのは、あなたの魂です。
次の機会は2万6000年後です。

（マスター・マーリンより）

一つ一つの銀河の中には、
何百万もの星の世界がある。
そう、星であると同時に、
それは知性的な生命体となるための
何百万ものチャンスでもある。

わが友よ、覚えておいてほしい。
神の光のもとでは、
星だと思っているものも
「知性を持った光」なのだ。
知性を持った生命体。それが星。
一つ一つの星は、
独自の心と意識を持っているのだ。

金星がアセンションしたのは、
オリオン大戦が終わり、
サナート・クマラが地球にやって来た時です。
太陽系の惑星はすでにアセンションしていて、
地球だけがまだなのです。
地球のアセンションによって、
天の川銀河全体のアセンションがなされ、
天の川銀河も多くの制限から解放されるのです。

第1章　地球に舞い降りてきた勇者たちの歴史
～私たちの祖先である12次元の人類～

第2章 なぜアトランティスがアセンションに失敗したのか？

第3章 光につながる――光と闇の本当の戦い

第4章 人は何のために生まれてきたのか——真理の探求

第5章　これから本番のアセンションが始まります

ブックデザイン　三瓶可南子
カバーイラスト　谷川千佳
編集　豊島裕三子
編集協力　長谷川恵子
本文イラスト　天野恭子

第1章

地球に舞い降りてきた勇者たちの歴史

～私たちの祖先である12次元の人類～

地球からのSOS——3次元の隷属を強いられた世界へ

それは、はるか遠い世界のこと。

銀河連邦の「光の評議会」より、**銀河連邦の惑星の人々から選び抜かれた「45億人の精鋭」**に向けて、緊急メッセージが発せられました。

「地球から、災害を示すエネルギー信号を受信した。地球人類は、そこを支配する者たちに隷属《れいぞく》させられ、生き地獄の中で苦しんでいる」

銀河連邦は、5次元の星の国々、プレアデス、シリウス、オリオン、アルクトゥールス、アンドロメダなどが中心となって形成されています。

この銀河連邦全体をまとめる役割を果たしているのが、「光の評議会」です。

この評議会は、男女24名の聡明な長老たちによって運営されています。12名の男性と、そのパートナーである12名の女性です。

その彼らが、地球人類が発した苦しみの信号をキャッチして、精鋭たちに向かってこう語りかけたのです。

「地球人類は、自分たちがおかれた状況を理解できていない。我々は彼らに真実を伝え、解放の手助けをしなくてはならない。そして、地球は人類と共にアセンションすることを望んでおり、その手助けも必要だ」

その声明に、誰もがすぐに賛同したわけではありませんでした。

公開の場で、長老たちによる議論も交《か》わされました。

地球は銀河連邦に加盟していない惑星であること。地球人は、5次元からの呼びかけに応えられるほど進化していないこと。

そして最も大きな問題は、銀河法典の重要な取り決めに、「自由意志による世界構築と連携において、いかなる生物も干渉することはできない」というものがあったことです。

最後まで疑問が投げかけられたのも、その点でした。「地球人類を助けることは、銀河法典と矛盾するのでは？」というわけです。

そこで光の評議会が出した結論は、なんと「外部から干渉できないのだから、我々が地球人となって彼らを助けるしか方法はない」というものでした。

「自分たちが地球人になる」とは、光の生命体である彼らが３次元の物質の人類の体に入り、人間の赤ん坊として生まれてくることを意味します。

そうすると、５次元の人類である彼らの本質は保たれるものの、地球上ではその高度な能力をうまく活《い》かせなくなります。

そして、地球に生まれた人類が味わう多くの苦痛を理解するために、彼らもまたそれらを体験しなければならないのです。

使命を果たすまでには、何度も生まれ変わりながら闇の中で霊性を向上させ、人類を導く光の道標となっていかなくてはなりません。

当然、長い時間がかかります。それは、愛する者たちとの離別でもあるのです。

現在住んでいる次元とは周波数のまったく異なる、３次元の隷属を強《し》いられた世界。調和の崩れた世界。そこには多くの苦難が待ち受けていて、しかも長い間戻ってくることはできない。

それを聞いて、選《よ》りすぐりの精鋭たちといえども、不安に襲われたのは当然のことでした。

しかし、翌日の評議会で、銀河連邦から地球に救援隊を送ることが正式に決まりました。長老が、「志願する者はいないか」と呼びかけます。

「最も優秀で力のあるあなたたちだからこそ、招集したのである。地球で苦しんでいる存在たちを救ってくれないか。犠牲を払うことができる勇者はいないか」

手を挙げた者は一人もいません。

沈黙が続きました。光の評議会が「もう一度尋ねます。誰かが地球に行き、そこにいる生き物を救って下さいませんか？」と告げました。

「すべてを犠牲にして、そこに降りてゆく勇気のある者は？」

運命のその日、光のドームは静まり返って、半時の間、天国は静寂の中にありました。

やがて、ひとりが前に進み出て、宣言しました。

「私がやります！　すべてを犠牲にして、地球人を救います。地球人となって苦難に耐え、彼らと共に歩みます。地球人とすべての生き物にとって、地球をよりよい世界にしていこうではありませんか」

その言葉に触発され、そばにいたひとりが、胸を張って、「私も地球に降ります！」と力強く言いました。

ひとり、またひとりと後に続きます。

最終的に、要請を受けた45億人の全員が、地球に舞い降りて、この困難なミッションを果たすことを誓ったのです。

彼らは地球人類を隷属状態から救うと同時に、アセンションを果たすための手助けをする役目も担《にな》っていました。

これを読んで、あなたは何か感じるところがありましたか？

遠い記憶のどこかに、このような光景がかすかに残ってはいないでしょうか？

もしそうなら、あなたこそが、その時の45億人の勇者のひとりなのです。

その勇者たちの姿を感動と共に、涙ぐみながら見つめていた大天使ミカエルは、「彼女が下に降りるなら、私も一緒に行こう！」と言ったのです。

「彼女に行く勇気があるのならば、私も行ってみせよう！　地球の生き物を助けるために、すべてを犠牲にしてみせる！」

と決意されたのです。

あなたの後に続いて、45億人の星の精鋭たちは、地球での長い任務に志願したのです。

12次元の世界と人類誕生の秘密／願いを実現してくれる天使やディーバたち

ここからの案内人は、エロヒム（神を表すヘブライ語）であり、熾《し》天使（最高位の天使）でもあるマスター・マーリンです。

マスター・マーリンは、運命の番人、夢の紡ぎ手、神秘を教え、謎を携《たずさ》え解き明かす者、オリオンを救い、数多くの人間に偉大なるインスパイアーを与え育てています。

私もその指導を受けている一人です。

ここで時を遡《さかのぼ》り、私たち人類が誕生した頃の世界を覗《のぞ》いてみましょう。

人類は、創造主によって創られました。

創造主は、私たちを創りあげた時に、神のスパーク（火花）として純粋な神の光で構成され、自在に変身、空中を飛ぶこともできるライトボディを創りました。

現在の肉体では、**ハートが神の入り口であり、神の座する所です。**

人間のハートチャクラ、マインドには2つの役割があります。

① 情報を収集し処理する意識、

② ハートの奥深くにあり、神から生まれた思考を、マインドへと浮上させる、それを司《つかさど》る第三の目、全知識を統合するクラウンチャクラがつながっていて、望んだことを何でも天使たちやディーバが実現してくれる世界。

それが12次元の世界です。

たとえばハートが「滝で遊びたい」と思うと、第三の目がその知識を集中させて、「どういう滝にするか」と問いかけ、「カーテンのような滝」というふうに答えが出たのなら、それを統合させて自然エネルギーに流すと、天使やディーバが協働してお互いの知性の光で自然のエネルギーを使い、みごとな美しい滝を作ってくれるのです。そして、あきるまで水浴びを楽しむことができます。

ディーバも神々であり、精霊よりもっと高次元の存在です。

西洋では「天使」と呼ばれる存在が、東洋では「ディーバ」と呼ばれているのです。12次元で、天使たちやディーバとは住む世界は違っても、常に一緒にいて、私たちは彼等のクリスタルの神殿に自由に出入りしていました。すべてがゴールドに光り輝いていました。

バラのそばを通って、「あ、バラ！」と呼ぶと、ディーバのバラはこちらを向いて輝いてあなたの状態を読みとり、あなただけのかぐわしい香りを放出してくれました。自由に創造し、すべてが難なく叶えられていたのです。

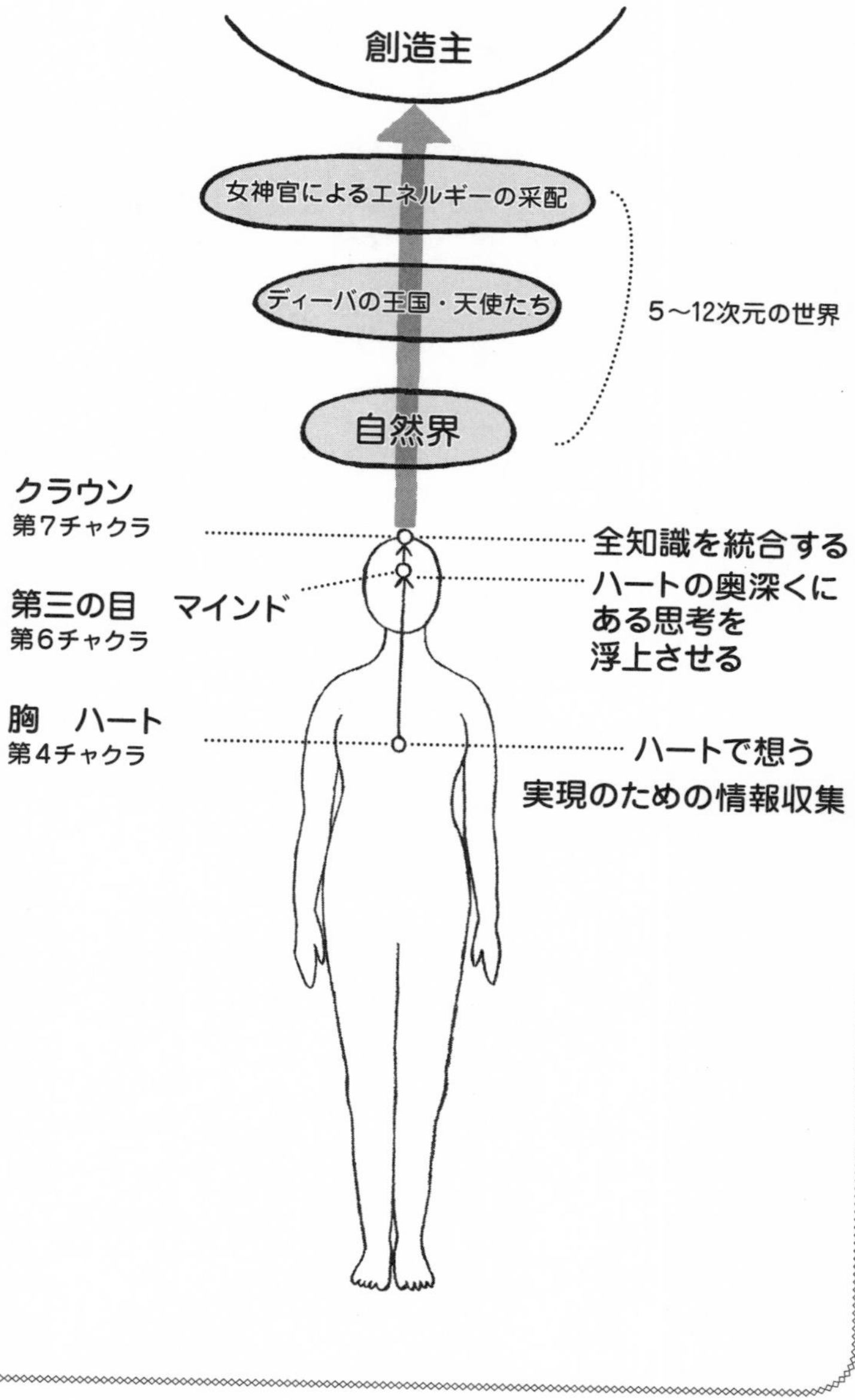
創造主
女神官によるエネルギーの采配
ディーバの王国・天使たち
5〜12次元の世界
自然界
クラウン
第7チャクラ
全知識を統合する
第三の目　マインド
第6チャクラ
ハートの奥深くにある思考を浮上させる
胸　ハート
第4チャクラ
ハートで想う
実現のための情報収集

人間のハート、マインド、クラウンチャクラの3つがつながると、願いは何でも叶います

よく「天使たちと遊び戯《たわむ》れる」という表現が使われますが、まさに、お互いの光には知性があり、その協働作業は〝遊び戯れる〟ことだったのです。

実は、3次元にいる私たちが「ここへ行きたい」とか「これを手に入れたい」と思った時も、上の次元で天使やディーバたちが動いてくれるのです。

でも、なかなか願いが叶わないのは、その存在を忘れてしまったからです。

「神はその姿に似せて人類を創った」といいますが、実は、姿だけでなく能力も神と似せていました。だから、「人間の望みを何でも叶える」と神が約束したのです。

人間のハート、マインド、クラウンチャクラの3つが全部きれいにつながっていると、自然界のすべてが動いて、思いを実現してくれます。

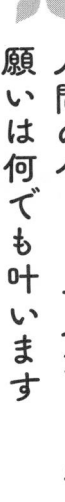

人間のハート、マインド、クラウンチャクラの3つがつながると、願いは何でも叶う

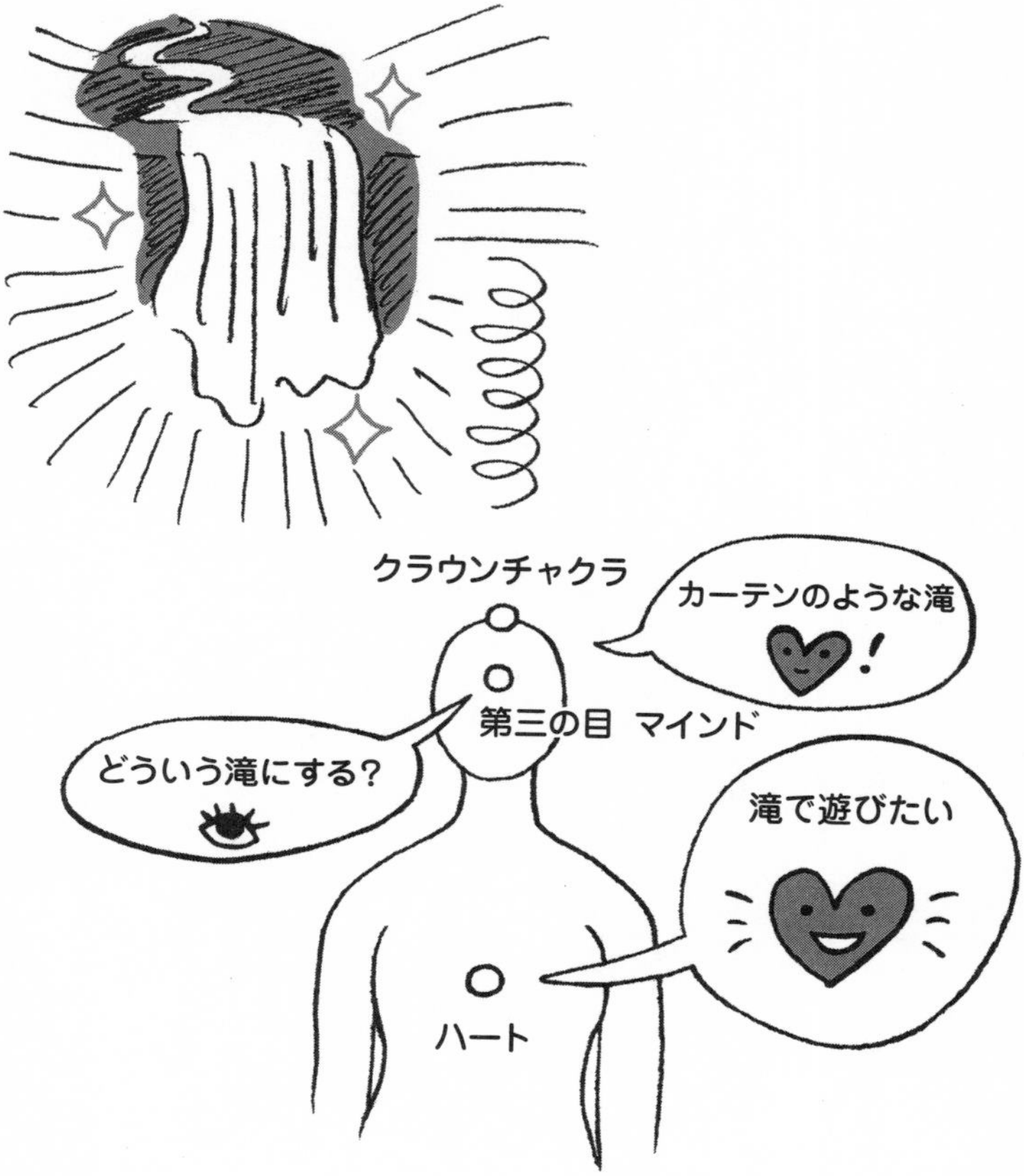

何でも実現できますが、人類は神のスパークでできているので、地球や生きとし生けるものを損なうような悪いことはしません。

「調和と平和」が神のスパークの基本だからです。

ハートの中には、隣人愛や貢献の喜びの愛のパワーがあります。

つまり、ワンネス、すべてと一つということです。

そして、その時は摩擦《まさつ》がなく重力が軽かったので、人類は飛ぶことができ、天使たちやディーバとも語り合っていました。

シェイプシフティング（変身）もできて、何にでもなれました。

昔、シャーマンが「壁を越えたい」と思うと、黒豹《くろひょう》に変身して飛び越えたりしましたが、あれと同じことができたのです。

私たちはグレート・セントラル・サンというパラダイスで生まれました

神に「何でも創ってよい」と許されていたので、私たちは何でも創ることができました。神は地球を「エデン」と名づけて、本当に地上をエデンの園にしていました。

その場所で、人類に「何でもやってよい」と許可を出したのです。

エデンの園の見本は、グレート・セントラル・サンの中にありました。

グレート・セントラル・サンとは、太陽をいくつもまとめたようなもの。私たちの太陽のヘリオス（ギリシア神話の太陽神）もそのまわりを回っています。銀河すべてが、グレート・セントラル・サンのまわりを回っています。

そこはパラダイスです。

私たちはそこから生まれてきているので、神は、グレート・セントラル・サンと同じものを地球に創ることを意図したのです。
企画名は「エデン」でした。

4名のクマラ（永遠）と大天使ミカエル

神が最初に創ったのは4名のクマラ（永遠）で、彼らが創造されました。

① 全マスターの教師として、**マスター・サナート・クマラ**

② イエスとして知られる、癒やしと愛を与える、**サナンダ・クマラ**

③ 姿をめったに現さないが、光の高等評議会の全員を守護し、光の魂たちの背後を守る、**サナカ・クマラ**

④ この宇宙の全生命を支える永遠の真理を司る、**サナタナ・クマラ**

その次に天使とディーバで、彼らの役割は「神の青写真」を実現させることでした。

でも、天使たちからは神の発想しか出てきません。

そこで神は、もっと創造的な、古いエネルギーを新しいエネルギーに変えて繁殖できるような存在がほしいと思い、神に似せて人類を創りました。

ある意味で**人間は、神にもらっているものが天使より多いのです。**

天使は神の青写真、または人間の思いから創造したものしか創れません。

その**天使の総監督が大天使ミカエルです。**

私たちが見ている動植物、生き物、それは全部ディーバです。すべてディーバの分身として生きているのです。だから、人間の意識によって動物界も植物界も変わってしまいました。

動物が喰《く》い合うようになったのは、人間が堕落《だらく》し始めた時からです。このことは120ページでくわしくお伝えします。

動物も植物も人間がカルマで捕らえられたように、蜘蛛《くも》の糸のようなもので縛られているのです。

私たちの祖先である12次元の人類と、こと座(ベガ・リラ)、プレアデス

人類も力があり、どんどん進化していきました。

そして、いろいろな場所で進化していく中で、12次元に到達した人類たちがいました。

彼らは自分たちの植民地を創れるほどの偉大な存在だったのです。

そして、私たちの祖先でもあるこの12次元の人類は、こと座のベガやリラと呼ばれる場所を植民地化して、ディーバや天使たちと遊び戯《たわむ》れていました。

誤解のないように言っておきますが、12次元の人たちが星を植民地化するというのは、奴隷を創るのとは根底から違います。

大天使たちと一緒に、喜びに満ちた中で物事を創り上げていくのです。

ところが、ある時、悲劇が起こりました。

こと座からの偵察隊が宇宙に出ていた時に、りゅう座のレプティリアンと遭遇してしまったのです。レプティリアンは激しい支配欲にかられ、こと座に総攻撃をしかけ、ベガやリラは壊滅的な打撃を受けてしまいました。

戦いを好まないこと座の人たちは、光の船に乗って故郷を捨てて逃げるしかありませんでした。

次元を降りながら襲撃をかわし、船が到着したのがオリオン、プレアデス、シリウス、アルクトゥールス・アンドロメダなどの星々です。

この時から、惑星の戸籍は各惑星ごとに新しくなりましたが、本当の戸籍は、こと座（ベガ・リラ）なのです。この故郷の名は、心に響きませんか？

最初に地球に入植したのは、プレアデスです。

アトランティス帝国の時代よりもずっと前、最初に地球に来たプレ・アダマイトと呼ばれた宇宙人類は、プレアデス星系の人たちでした。

そういう意味で、**プレアデスは昔から地球に関わり、地球を愛しているのです。**

そうして行き着いた5次元の世界でも、進化した人類は幸せに調和しながら、さらなる向上をめざして生き生きと暮らしていました。

彼らが平和に暮らしていた5次元の世界、そこに地球からのSOSが届き、招集がかかったのです。

45億人の志願した精鋭の者たちも、故郷は同じこと座ヒューマノイド・スターファミリーの血族なのです。

「輝ける星」といわれ、大天使だったルシファーが、なぜ悪を創り出したのか？

それでは時間と空間のない頃に遡り、パラダイスであった地球を「生き地獄」に変えた〝闇〟の正体に迫りましょう。

銀河全体に今日《こんにち》にまで及ぶ、大きな負の影響を与えた堕《だ》天使ルシファー。

彼が求めていたものは、いったい何だったのでしょうか?

伝説のレムリア、アトランティスができるよりずっと前、天使が生まれた頃、大天使であったルシファーは「輝ける星」といわれ、神の隣に座るほどの存在でした。まわりから一目も二目も置かれる魅力的な存在だったのです。

そして彼には独特な力がありました。

「神の青写真を具現化する」のが天使の役目なのですが、**彼は独自で「宇宙を創ろう」と考えたのです。宇宙の最初のクリエーターです。**

神が創ったのは、善なるもの、そこに生きる存在が協力し合う平和と調和の世界でした。ところがルシファーは、**「神と違う世界」を創ることを望みました。**

クリエーターやデザイナーが、今までにないものを創りたがるのと同じです。

「神と違う世界」の構想は、善とは反対の世界、単独の世界です。

悪を創り出そうとしたわけではないのですが、結果として、悪を創り出してしまいました。

でも、ルシファー自身はもちろん天使を創れないので、「神とは違う新しい光明の世界を一緒に創ろう」と仲間の天使を口説《くど》いたのです。

ルシファーは容貌に優れ、弁が立ち、群を抜いて魅力的だったので、何人もの天使がついていきました。

それによって、秘密裡《ひみつり》に、神に似せた人類も創ることができたのです。

しかし、彼らの中には神のスパークがありません。

「これはやってはいけない」という、愛に裏打ちされたストッパーがないのです。

だから、どんなことでもできてしまうという重大な欠陥がありました。

そして、その人類は創りあげた者に従います。ルシファーの命は永遠に近い存在なので、創造物も同じように生き続けます。

彼らにとっては、ルシファーに忠誠を誓うというのが正義なので、罪悪感などはありませんし、他者の命を奪うことにも何の痛みも感じません。

歪《ゆが》んだ大義に忠誠を尽くします。

唯一、愛を知った時にのみ、変容が起こります。

ルシファーに騙されたオリオン、そしてオリオン大戦へ

最初、ルシファーは、宇宙のはずれの宇宙区に新しい世界を創りました。その空間だけでやっていればまだよかったのですが、彼はだんだん勢力を拡大していきました。そして、オリオンに目をつけたのです。

オリオンはエロヒムであり、天使の9つの階級の最高位で、オリオン星は広大な土地を統治していました。彼は統率力のある素晴《すば》らしい人でした。

人望があり、非常に尊敬を得ていて、神がやろうとしたことを先読みしてかたちにすることができるので、神からも「オリオン、それはよいね」とほめられるような素晴らしい男でした。

ただ、それができる自分を若干自負《じふ》しているところがありました。

そこをルシファーは見逃さなかったのです。

人間もちょっとした高慢さ、傲慢《ごうまん》さ、ほめられたいという思いなどで道を誤ることがありますね。オリオンの自負はそれよりもずっと小さなものでしたが、ルシファーのほうが巧妙だったといえます。

オリオンの目的は、彼の世界で人間が確立したものを監督し、最終的に人間を具体的にどこにそれぞれ住まわせるか、その采配をやっていたのですが、そのシステムは最高だったといわれています。彼のシステムを越えるものはないだろうと。

でも、そこにルシファーがつけ入り、オリオンにまるで神の意図と思わせ、誤った方向に仕向けたために、オリオンの領地に大量の闇の者ども、支配欲や神とはまったく違う大義をもった者どもが、ゲートから入り込み、そこにいる者たちを支配下に収めました。そこで、不和を生じさせ、「神と協調する側」と「ルシファー側」に分かれました。

ルシファーは非常に知性が高く、彼の取り巻きたちも優れており、テクノロジーにたけていました。彼らは優れた機械類や科学論理を発展させました。

彼らはマインドという道具を利用して、正しく認知されたものから意識そのものをそらすような非の打ち所のない論理のイメージを創り出したのです。

それまで一つであったマインドを分離させたのです。**人間のマインド――元は神とつながっている一つのマインドが、分裂してしまったのです。**

それが今日まで続く「マインドの分離」の始まりです。第2章でくわしく説明します。

こうして、その後250万年も続くオリオン大戦が始まったのです。

宇宙と地球にはびこる「闇」の始まり

オリオン大戦にはさまざまな星が関わりました。

プレアデスは自由意志のスピリットを持ち、創造的でしたが、無垢《むく》でしたので、ルシファーには与《くみ》し易かったのです。シリウスは、優秀な知性の存在でしたが、無垢であったがゆえに、そしてオリオン星人は、愛と自負心と豊かな知識があり、無垢であったがゆえに、この大戦に巻き込まれてしまいました。

この時にルシファー側についたのは、オリオン星人の半数とシリウス、プレアデス、もはや存在しないゼータ・レチクル、メルディックでした。この大戦には、中立であった大熊座と小熊座も力が弱かったため、渦中にのみ込まれました。

長い戦いの末に、当然ルシファーの軍は神の軍隊に負けましたが、問題はその後です。ルシファー側についていた残党たちが、宇宙に散らばっていきました。

この残党が「神とは違うルシファーの思い」を伝えると、ほとんどの国がその理論を受け取ってしまったのです。ルシファーの思いに染まったと言えるでしょう。

これが、この宇宙や地球にはびこる「闇」の始まりでした。

その戦いの痛みが、全宇宙に広がっていきました。

神の軍隊に負けたルシファー軍の残党は神を愛さなかった者たちで、生まれながらのリーダーであり、論理によって他人を従わせる話術にたけていたのです。

〝死〟を創造したのも彼らです。それは今でも存在しています。

ルシファーは独自の創造力から、善と悪の二元論を産みだしました。

ここで実際のパラダイスは終わりました。

ここから私たちは、もともと一つだったマインドを分離させつつ、生き地獄の世界へ一歩一歩進んでいくことになりました。

ルシファーが醜男で存在感がなく、口下手であったなら、私たちは今でもパラダイスにいたことでしょう。現在、ルシファー・サタンは宇宙で保護観察処分となっています。

神が闇ですら許容するわけ

ルシファーが宇宙区で独自の世界を創った頃、大天使ミカエルは総監督として神の青写真がちゃんと創られたかを確認する役割でしたから、当然ルシファーが産みだしたものに気づきました。

大天使の中の王のような存在の大天使メタトロンや、ザドキエル、ラファエルらも、次々と「いかがわしいことが起こっている」と気づいていきました。
そして神のもとへ伝えに行きました。
ミカエルなどは、まなじりを上げて伝えに行ったようです。
でも、神はそのときも、ルシファーを責めていません。
「ルシファーのことだから、もうすでに実現しているだろう」と言ったのです。

神はたった2つしか言いません。
「それはよい」「とてもよい」この2つだけです。
神は善しか創造していないからです。

宇宙ではその人の自由意志が固く守られているので、たとえそれが闇の形であったとしても、神はそれを許容します。
これに対しては、みなさんもいろいろな思いが生まれると思いますが、だからこそ、**あなたの自由の素晴らしさが保証されている**ということです。

自由意志が尊重されるとはいえ、オリオン大戦が勃発《ぼっぱつ》したことによって、オリオンの面目《めんぼく》は丸つぶれでした。彼は、ルシファーの甘言に乗った自分を激しく責め、激しい苦しみの中に落ちました。

卓抜したオリオン、彼の悩みは大きかったと思います。

オリオンの分離したマインドを神の真実に照らしあぶり出し、彼を救ったのがエロヒムであるマスター・マーリンです。

皮肉なことにそのオリオンの息子がトート・ヘルメスで、のちにアトランティスのアセンションを失敗に導いた総帥になるのです。

250万年続いたオリオン大戦後、真理とパワー、愛の波動で地球を立て直したクリシュナ

オリオン大戦の時から、地球には大勢のオリオンの兵士が訪問してきています。

それは地球がパラダイスで、全宇宙にとっての癒やしの場所だったからです。ディーバや天使が幸《さきわ》ふ場所だったので、兵士たちはそこで充電しようとしたのです。

大戦が長引くにつれて、オリオンの兵士たちもますます大挙して地球に入植してくるようになり、彼らによって地球に疑いの空気が生じました。

彼らの持つ懐疑的性質、スパイがいて、ルシファー派や交戦中の者たちに狙われるのではないか、という不安が広まり、コミュニティーのすべてがさまざまな異なる見解を発展させ、人々は分裂するようになっていくのです。疑惑と防衛、命を守るための道具が地球に持ち込まれ、居住する者たちが、初めて自分自身を守る術《すべ》を学びました。

神の計画の地上パラダイスは、事実上中断させられました。

それと地球にやって来たダークロード（異星人、闇の支配者）の影響もあり、カルマや感情などオリオン大戦で始まった葛藤《かっとう》による混乱は、いまだに地球上で解消に向けた努力がなされています。

250万年続いたオリオン大戦によって、銀河系はめちゃくちゃになってしまいました。すると土星の最高評議会の依頼で、グレート・セントラル・サンから第一の援助者、**クリシュナが地球に登場します。**

クリシュナはおおいなる輝ける星、天使やディーバからも、人間からもあがめられる神なる光です。

そして彼は、**真理とパワーと愛の波動で地球を立て直すのです。**

オリオン大戦があったとはいえ、この頃の地球は、まだそれほど汚染されていませんでした。彼は否定的なものを中立化し、あらゆる軋轢《あつれき》を自動的に正すためのエネルギーフィールドをもっていて、それを具現化しました。

クリシュナは純粋で歪み一つない、純粋な愛と光の本質そのものでした。

地球の状態がふたたび確かなものになったので、クリシュナはグレート・セントラル・サンに戻りました。

そのあと、何千もの者たちがクリシュナの愛の波動にふれるとクリシュナのようになったのと同じように、何千もの者たちが、ルシファーの意志の力と支配力にふれると、ルシファーのようになりました。

つまり、**人はどちらにもなれるということです。**自分が認知したもののようになるので、敵を認知すれば自分もまた敵になっていくのです。

だから、戻ったあとでまた堕《お》ちてしまうことがあるのです。


クリシュナが地球を立て直してグレート・セントラル・サンに戻ったあと、クリシュナと一緒に来ていて地球に残った人たちもいました。

それが神官と女神官でした。この人たちは、全人類のための永遠なる神の叡智《えいち》の種子を宿す、優れた神官たちでした。

この時、土星の最高評議会も大戦の影響下にあり、パラダイスの自浄作用、ディーバたち全員にその能力があることを忘れていて、彼等に頼むことをしませんでした。

これは、250万年の間、人間の行動を大きく変えることになってしまいました。

「母なる自然には、人間や自然自体を管理する力がない」という思いこみのもとで生きることになってしまったのです。

いまも自然の偉大な力を認識していないのです。

次に地球にやってきたのがサナート・クマラ。これがレムリアの始まりです

クリシュナの去った世界は神聖なるワンネスは失われ、そこに二元性が生まれ、多くの堕落が起きていました。神の恵みを受けた状態から転落すると、優美な行いから外れ、調和を欠き、抵抗に満ちた粗野《そや》な行いに走るということを意味しているのです。

次に第二の素晴らしい援助の手を、土星の最高評議会は金星の極めてパワフルな魂と、その妻に託し、彼らを地球へ派遣することを決定しました。

これが、レムリアの始まりです。

その時にサナート・クマラは、美しい妻マスター・レディービーナスを伴い、後のグレートホワイトブラザーフッド（白色同胞団）、いわゆる14万4000人のマスター・クマラたちを引き連れて地球にやってきたのです。

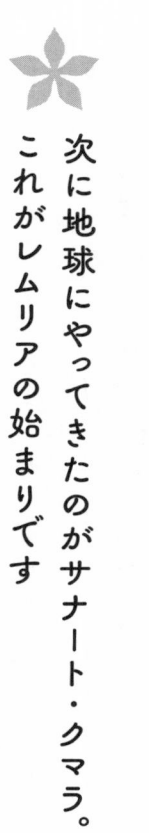

二人は、日本の中央部、京都の鞍馬山《くらまやま》に、最適の光明と叡智の神なる火、聖なる火の存在する場所を発見し、他のクマラの観迎を受け、地球の未来を祝福しました。

その鞍馬山の上空が、この地球における最初の最高評議会の会合が開かれた場所でした。その目的は、すべての人々が、神の真理の光が有する純粋さ、叡智、そして直接的な神の認知、悟り、に関する貴重な知識を堅持することにありました。

サナート・クマラは、地球上に清らかな私欲のない統治組織を設立するために奮闘したのです。

地球の領域に、12光線の地球のエーテル体とパラダイスのエネルギーで創ったボルテックス（光の渦）を設置、長老長12名と女神官長12名で地球を守り、聖なる男性性の能動的なエネルギーと、聖なる女性性の受容的なエネルギーで調和させました。

女神官長たちは神のゴールドの光を受け取り、各ボルテックスに特定の光線を送る重要な役割をもっていたのです。

最初の12神殿と地球の聖なるボルテックスを設立すべく、マスターたちは鞍馬山から世界の隅々《すみずみ》に遣《つか》わされました。約100万年の間、聖なる火の山、鞍馬山でサナート・クマラの活動のすべては行われたのです。

これら不滅のマスターたちは、いかなる集団、いかなる魂も神の光を見いだす導きが得られるよう、自ら進んで地球に留まってくれました。

その後もアトランティスの中でいろいろ紆余曲折《うよきょくせつ》があり、アトランティス時代に女神官たちの役割を軽んじたこともあり、アセンションすることはとうとう叶いませんでした。

第2章

なぜアトランティスがアセンションに失敗したのか？

地球は癒やしの色に輝いていた、宇宙の中でも特別な存在でした

原初の地球はパラダイスでした。

それは、神が、グレート・セントラル・サンの中にあるパラダイスと同じものを地上の地球に創ろうと意図していたからです。本当にパラダイスでした。そして、そこにいると、マザー・アースの力で癒やされます。

地球は全宇宙の存在が癒やしを求めてやってきた素晴らしいリゾート地だったのです。

地球は癒やしの色に輝いていました。それは、エメラルドグリーンです。

惑星としてはまだ若い星なのですが、レディ・ガイアは実に寛大で忍耐強く、聡明な美しい女神です。宇宙の中で稀有《けう》な場所だったのです。

地球を舞台としたエデン計画とは、特別なプロジェクト。愛という感覚の進化と創造

のパターンと天国のパターンの進化発展に焦点が絞られていたのです。

すべての魂が調和の中で生き、エネルギーを再生させます。神であり、また、生きとし生けるものすべての中に息づく生命力。

水は美しく清らかで大気は澄み、すべて善なるものでしつらえられていたのです。

エデン計画をイメージしていると、今の世界に帰りたくなくなります。私たちのDNAの中に入っているそれを引き出すと、本当に美しいのです。

鳥たちや獣たちの間で食物連鎖などありません。

私たちは霊長類の種族ではなく、神の血筋として創られし者なのです。

聖典の中にある「子羊と眠るライオン」のとおりですね。

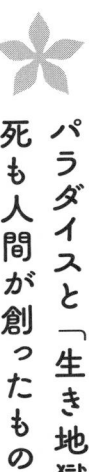

パラダイスと「生き地獄」を交換してしまった私たち／死も人間が創ったもの

神は、「神の庭で何でも好きな果実をとり、自由に食べなさい」といわれていたのです。しかし、オリオン大戦が終わったあとに、神は一言、注意書きを入れることになりました。

「神の庭の果物はすべて食べてよいが、『善悪の木の実』は苦いから食べてはならない」と。

本当は、神とハートでつながっていればパラダイスにいられたのに、「善悪の木の実」を食べたために、パラダイスと「生き地獄」を交換してしまったということです。

このことは旧約聖書にも書かれていますね。

イブが蛇にそそのかされ、アダムを誘って木の実を食べたというのは、女性を貶《おとし》めるために書かれたことで、真実ではありません。

二人で一緒に食べたのです。むしろ男性のほうが進んで食べました。

では、「善悪の木の実」とは何だったのでしょうか？

それは「善と悪に代表される二元論哲学、形而上学《けいじじょうがく》、愛のないテクノロジー、愛を失った宗教」のことでした。

それらを扱う者たちは、すべてを**「第三の目だけ」（分離したマインド）で判断して、創造主とのパイプを細くしてしまいました。**

ハートを使わず「分離した第三の目だけの創造へ」とずれていけば、人間はロボット化します。自然界、天使やディーバたちも匙《さじ》を投げ始めてしまいます。美しい環境を創ってくれていた彼らがいなくなれば環境汚染が起こります。

それと同時に、支配欲、嫉妬、孤独、奴隷根性などが出てくるので、重力がどんどん重くなっていきます。人間の魂の覚醒と重力は関係があります。

人類はだんだんそれに耐えられなくなり、「これはまずい」と気づき、逃亡する場を創りました。それが「眠り」です。

そこからもっと重力が落ちたことによって、逃亡では追いつかなくなり、最終的には「死」というリセットを創りました。

死は神が創りしものではなく、人間が創ったものです。

「第三の目は間違わない」と信じて、神との回線を切ってしまった私たち

すでに書いたように、12次元の世界では、私たちは空中を飛べました。姿かたちを自在に変えるシェイプシフティングも、同時に2ヶ所に存在するバイロケーションもできました。

天使とデイーバに頼めば、創りたいものは全部創ってもらえました。植物も動物も天使やディーバの分身だと思って大切にしていたし、花と会話もできていました。花は枯れないで永遠に咲き続けました。それが12次元やレムリアの世界です。創造主とつながっていれば、そういうことがすべて可能でした。

本来のステップはたった3つです。

①ハートで想い、②マインドを司る第三の目のマインド（意識、理性）は、創造主との直結の一つのマインドに焦点を合わせ、③すべてを統合するクラウンチャクラがつな

がっていることが必要でした。

元は創造主とつながるマインドは一つでした。このマインドを分離・分裂させた者が、ルシファー・サタンであり、支持者たちの口達者な神を愛さない者たちでした。

この知性と知識と理論の巧妙なトリックに騙されたのが、オリオンであり、全宇宙の6割の存在であり、私たちなのです。

「第三の目は間違うはずがない！」と過信するほど、無垢だったためです。

闇の手口はすべて同じ。

神との回線を切ってマインドコントロールすることです。

だから、本当はオリオン大戦のあと、神はエデンの人間たちにこういってくれればよかったのです。

「形而上学とか哲学、人間の創った宗教を信じてはいけないよ。別の次元に持っていかれるからね。神の座であるハートを信じればいいんだよ。それを信じられなくするのが

〝善悪の木の実〟だからね」と。

それにこうも言っています。「エデンの園から追放したりしていないよ、あなたたちが立ち去ったんだよ」と。

アトランティス帝国で、トート・ヘルメスは「人間のDNA操作」を始めました

地球で闇が支配力を強めるきっかけとなった、アトランティス帝国での出来事について語りましょう。

その総帥だったトート・ヘルメス、彼は熾《し》天使オリオンとレムリア人の人間の女性の間に生まれました。エジプトのトート神とは違います。

彼は素晴らしいリーダーだったようで、身長3メートル、青空を映したように美しいブルーの目を持ち、人間とのハイブリッドで素晴らしい人格とカリスマ性を持ち、陽気で頭脳明晰だったので、アトランティスの民からことのほか愛されました。

しかし、それによってヘルメスは、「自分はクリシュナのような全能の神だ」と錯覚してしまいます。彼は優秀な者たちをあつめ、宇宙のはるかかなたまで遣わして、知識集団を創り、科学者やエンジニアの集会を創設しました。

彼らはアトランティスにやってくるものをすべて見下していて、彼らは、いかなる生命体よりもはるかに優れていると考えていました。この**ヘルメスが形而上学や哲学、卓抜した理論を体系化しました。**

だから、形而上学や、このあとに続くイデオロギーの原型、それはレムリアから始ってアトランティスで形になったといえます。

この時からだんだん、神の入り口である人間のハートは、回線が細くなり、使われなくなりました。人をだんだん愛せなくなっていきます。

ここで覚えておいてほしいのは、トート・ヘルメスは、人類を幸せにしようという素晴らしいビジョンを持っていたということです。彼は、分離した第三の目を使ったビジヨンの完璧なものをアトランティスで体現したのです。

「人間のDNAの操作」を始めたのも、彼です。

ヘルメスは完璧主義者なので、DNAを操作して人類も完璧に創りあげました。

ところが結局は、自身に奉仕する奴隷として見ていたのです。

トート・ヘルメスは、自分の支配を固めるために闇の者たちを協力させようとして、ダークロードの12人の者を呼びました。

彼の追求するものを助けてくれる偉大な魔力を持った、地球外次元の存在たち。オリオン大戦中、その名を轟かせ魔力を用いて、大きな征服を勝ちとった「12監視者」と呼ばれた存在です。

でも後に、グレート・セントラル・サンからクリシュナが地球に降りてきて、そのうちの5人を退治しました。とうとう、レムリア人とクリシュナVS．アトランティス人とダークロードの間で、オリオン大戦を彷彿《ほうふつ》させる地球大戦となりました。

オリオン大戦のカルマは、地球で再現されたのです。

25万年続いたレムリア人は戦いを好まず、クリシュナは、ダークロードたちの否定的な力を反射し、彼らのもとに返しました。

アトランティス人は基本的に自己を欺《あざむ》いていました。トート・ヘルメスの言葉に耳を傾けることで真実を見極めることを怠《おこた》り、真理に目をふさいだのです。

クリシュナは108名のマスターを呼び、「創造の根源」の音を体験させるシンプルな方法を教授しました。一度真実が明らかにされると幻想は力をなくすのです。

戦争はクリシュナの勝利で終結し、クリシュナは人々の心に灯をともし、グレート・セントラル・サンに帰りました。

百万年前、真理で生きたレムリア人たちは自らを消して、クリシュナのあとを追い、グレート・セントラル・サンや天使の王国へと行ってしまいました。

アトランティスの堕落と3次元の世界が創られたわけ

レムリアの残った人々が、現代の我々にアトランティスとして知られる新しい社会の創造者となりました。

「人が地球のすべてを支配する」という概念が台頭し、それが商人とその追随者たちに受け入れられ、神の叡智を宿し、慈愛をもって統治する神官長や女神官長が排せきされました。

意志と理性の男性パワーの時代になりました。

一方、直感と神の天恵を受け取ることのできる女性パワーが失われようとしていました。今日まで続く男性優位社会はアトランティスに始まったのです。

トート・ヘルメスは、ダークロードによっておよそ数十万年で絶対的なパワーを得ることに成功しましたが、アトランティスの歴史のうち、ほぼ百万年は7人のダークロードの活動に悩まされることになりました。彼らはクリスタルの強力な磁力によって、ディーバや天使の自然の力に反した絶対的な力を手にしていました。

クリシュナに退治されなかった残りの7人が、巧妙にトート・ヘルメスに取り入り、サナート・クマラを遠ざけ、彼の弱点（危険な人間のエゴと高慢さ）を手のひらに乗せて、アトランティスをどんどん堕落させていったのです。

そうしてトート・ヘルメスは素晴らしい人間を創ったものの、奴隷民族として扱い、すべて自分の思い通りにしようとしました。

そこで激怒したのがレディ・ガイア、地球です。

「自分の愛する者たちの自由意志を束縛した」と。

そして、1回目の大風が吹きました。

この時はエーテル体の中心部までは壊しませんでした。

しかし、地球の怒りにふれても、トート・ヘルメスは支配を強める動きを止めません。

この時にはすでに、いわゆる形而上学・哲学・科学的理論など、第三の目（分離したマインド）を使って物事を考えることが主流になっていました。この頃、人類の波動がさらに濃密になったので、**神によって宇宙初、3次元の設定がなされました。**

3次元では、マインドが自由気ままに、実存から勝手な結論を引き出し、自分だけの真実を創り出してしまいますね。

「無知」とは「真実への無知」と、「自分だけの真実」を強いることです。

これがすべての過ちの根源であり、苦痛をうみ出すのです。

クリスタルを使って記憶を抜かれ、新しいデータに書きかえられる「ダーク・クリスタルの牢獄」

「ハートで考えている存在たち」は異端とみなされ、何をされたかというと、思想変革プロジェクトのような所に送られて、クリスタルを使って記憶を抜かれ、新しいデータに書きかえられます。

それでも変わらないと、ダークロードの創った「ダーク・クリスタルの牢獄」に閉じ

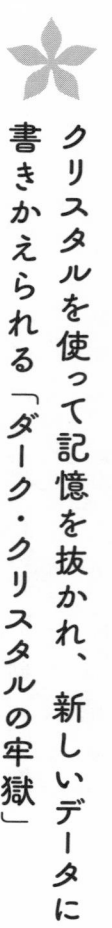

込められたのです。14万4000人の不滅のレムリアのマスター・クマラたちも狙われました。これは死刑の宣告よりもはるかに辛い刑罰で、永遠ともいうべき間、閉じこめられ、その魂の知性と生命が膨大な威力を生みだすことを知っていたダークロードによって、悪用されたのです。

このパワーのお陰で、彼らは長らく地球にとどまることができたのです。偉大な魔力を持ったダークロードの12名、巨悪の「12監視者」は、偉大なマスターやグレート・セントラル・サンからの使者により、一人また一人と滅ぼされています。閉じこめられていた人々は、土星の最高評議会の決定により、大天使ミカエルとアシュターを長とする優れたマスターで構成された特別使節団アシュタールとも呼ばれるアシュター・コマンドによって、近年、救出されています。

その後、レディ・ガイアは再び激怒し、2回目の大風が吹き荒れました。

そして**アトランティスは、エーテル体の中枢部まで全部壊滅させられました。**

エーテル体上空にもう住処《すみか》がなくなったトート・ヘルメスは、それでも反省できず、海の中に中枢都市（ポセイドン）を物質化しました。ここからアトランティスと衛星国は物質化します。

そしてトート・ヘルメスは、自分の意志がすべてに伝播するようなシステムを構築しました。

今の私たちには想像できませんが、エジプトに建設したピラミッドの上にキャップ・ストーン（冠石）を乗せ、「そこから指令を発すると、全員がトート・ヘルメスと同じ思いを持つ」というコントロールシステムを創ったのです。

キャップ・ストーンはゴールドダイヤモンド製で、それを設置したら地球上の全人類の意識をコントロールできるはずでした。

でも「それをやってはならぬ」という光の評議会からの指令で、マスター・セラピス・ベイがそのダイヤモンドをイランの山中に隠したので、その企《くわだ》ては未完に終わりました。

銀河にも銀河法典があります。

トート・ヘルメスは、すでに保護観察処分を受けて、2万5000年の間、自省しています。

宇宙は慈悲でできあがっているので、罰ではなく、瞑想と洞察力により、長い時間をすごすことになります。**宇宙には、「自分が生み出した結果を受け取る」という法則があるからです。**

ただ、ルシファーもトート・ヘルメスも、そのヴィジョンは、彼らにしてみれば「そんなに悪いことなの？」という感じだと思います。

トート・ヘルメスも、みんなが幸せになるようにと思っていたし、アトランティスの人間たちは、実際に何不自由なく暮らしていました。

でもその考え方に賛同できないのは、ヘルメスが、彼と考え方の違う人間たちを「ダーク・クリスタルの牢獄」に送り込んだことです。

そこは脳の矯正所です。

記憶を抜かれ、新たな記憶を入れられたりするのです。

それは怖いことでしょう。彼らはクリスタルを使ってそれを本当にやってしまいました。その力は強力です。

この時にもヒーラーという存在がありました。このヒーラーたちはトート・ヘルメスの側にいたのです。ヒーラーが闇のお手伝いをしているのです。ヒーラーといえども油断はできません。

国民たちはトート・ヘルメスを恐れました。

支配者と同じ考えをもつことを強制される、それは本当の幸せではありません。

今、地球からやっと最後のダークロードは撲滅されましたが、彼らの残党はまだ残っていて、自分たちに未来がないことも気づいています。生き残ろうと必死なのです。

なぜアトランティスがアセンションに失敗したのか？

実は、アトランティスの時代に一度、地球にはアセンションするチャンスが来ていました。でも、失敗したのです。

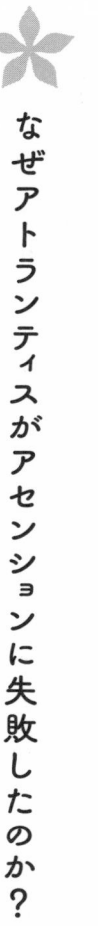

サナンダ・クマラ（高次元に存在するイエスのエネルギー体）は、「アベル」という名前でアトランティスに神官として生まれていました。

でも、身分の高い商人的神官の家のカインが彼に争いをしかけ、足を引っ張りました。

カインとアベルの話は、旧約聖書の中だけのことではないのです。

でもアベルは、カインの横やりに屈しなかったのでしょう。そして、アベルの勇敢さがもとで、結局は二人とも滅ぼされてしまいます。

カインとアベルの戦いも、熾烈《しれつ》なものでした。カインも強大な商人あがりの後発勢力でしたが、力を持っていたからです。

その時は、新たに編成された精鋭の14万4000人のマスターが地球にいて、アセンションに必要なマスターの数は足りていたのですが、カインの横やりが入ったがために人数が欠けてしまい、アトランティスは結局、アセンションに失敗したのです。

カインのような存在は、この地球上にたくさんいますね。現在の政治のシステムもアトランティスの頃、後発勢力の商人の主導で生まれたシステムです。本来の政治・経済は神聖なものから、損得の利益に絡めとられ、神聖さは隠されてしまいました。

それが現在へと続く政治・経済のありようです。

彼らは形而上学とか哲学とか、理論をもとにしてあらゆることを考え、対処しようとします。女性が「それは感じることですよね」といっても、「この目で見ないと信じない。再現性がない」などと反論して、とても頑固で、とりつく島もない感じです。

私たちはそういう影響を、いまだに受けています。

でも、**形而上学や哲学、理論には「本当は実体がない」ということを、多くのマスターが伝えています。**

逆に、形而上学や哲学や理論のほうから神の愛を見ると、実体がないというふうに思えてしまうからです。

アトランティスの滅亡とその教訓

「神なき理論の中に実体は何もない」とマスター・マーリンも熾天使たちもおっしゃっ

ています。ところが第三の目（分離したマインド）を通すと、あたかも実体があるように見えてしまうから厄介《やっかい》ですね。

サイキッカーが落とし穴に落ちるというのはそこなのです。実体がないのに、まるで実存のように感じられてしまう。トート・ヘルメスもそうだったし、無垢な人たちもみんなそれでやられてしまいました。

そういうことを、アトランティスは教えてくれています。

「その状況は、今の地球ととても似ている」とは、マスター・マーリンの言葉です。

当時のアトランティスは、服装により階級社会ができあがっていました。アトランティスの人々は深い挫折感の中にあり、霊性はどんどん失われていきました。

レムリアにはリーダーが一人も存在しなかったことと比べると、大きな違いです。

立派な男が夢をたくさん語り、「これが実現する、あれが実現する」と約束していました。トート・ヘルメスは実際、アトランティス人に何不自由ない暮らしを与えていたし、ヴィジョンも立派でした。テクノロジーも現在よりはるかに進んでいました。

しかし、ポセイドンも衛星国も、自然界をかえりみなかったことで、甚大な公害を生み出していたそうです。

どんなに文明が進み、テクノロジーが発達しても、神との一体感がなければ真の問題は解決できない。

その最高の極みまで昇りつめたのが、アトランティスの壮大なスケールでした。

アトランティスの滅亡は、現在の私たちに大きな教訓を教えているのです。

「地球人類のアセンションを急ぎたい」

アセンションとは、この3次元から5次元に行くことです。

そこはパラダイスです。隷属支配がありません。

今、地球には再びアセンションのチャンスが訪れていて、大天使ミカエルは、「地球人類のアセンションを急ぎたい」と考えています。

なぜなら、**5次元になると、カルマも病《やまい》も一瞬にして消えるからです。**

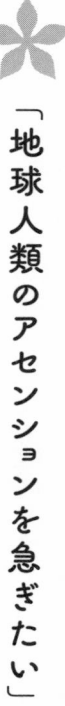

アセンションしたあと、おそらく人はあまり眠らなくなるでしょう。

「そう遠くない、そんなに待たせない」とミカエルは言っています。

そして、私たちは今回、肉体を持ったままアセンションすることができます。

ブッダやキリストなど、かつてのアセンデッドマスターたちでも、死後でなければアセンションできなかったことを思うと、これは大きな特典です。

そして、これは惑星に何度も訪れる2万6000年のサイクルのひとつの終了でもあるので、そこまで明確ではないけれど、ひとつのゲートのようなものはあるのです。

ひとつのけじめとして、**「覚醒するかどうかを選ぶ時」はまもなく来ます。**

地球は今後、アセンションしてパラダイスに向かうことになるので、まだこの次元にとどまって闇やカルマを体験したいなら、肉体を離れたあとは、用意されている別の惑星に行くことになります。

次の機会は2万6000年後です。

現状では、ゲートを意識しなくても、日本人は7割は行けるとのことです。

でも、その人たちは蓄積があるのです。過去生でも霊性を意識してトレーニングしていたとか、神に向かう人だったとか、奴隷状態の中でも神を忘れないで良い方向を選んで生きていた人々が多いのです。

日本人はアセンションする人が多いと思います。

今の日本人にはリーダーになる人、灯台になる人が多く生まれているはずです。

日本はアトランティスのトート・ヘルメスの洗脳を受けずに済んだ国なのです。

サナート・クマラたちが最初に降り立った、神聖な光を持つ土地なのです。

アセンションのために始めてほしいこと

こと座の星、いわゆる自分たちのふるさとは壊滅したので、当時私たちがいた12次元のコロニーはもうありません。

でも、ベガやリラなど、こと座の名前にふれたり、星を見上げた時に魂が反応するのです。星は、すべてが意識体です。ただまたたいているのではなく、星は意志をもってきらめいているのです。だから、自分が呼べば応えるのは、ある意味当然です。

みなさんに伝えたいのは、特殊な人だけが星や大天使と語り合っているのではないということです。

「あなた自身が意識を向ければ、全員がそういう存在と語れるのよ」と、私は声を大にして伝えたいのです。

宇宙が高さ1メートルぐらいの球だとすると、今の私たちは下からわずか2センチの世界しか知りません。その中で「あの人がこう言った！」というような狭い領域の中で一喜一憂しています。それは、闇に閉じ込められて、先祖からのカルマと自分のカルマの山に埋もれているからです。

アセンションは、「残りの広大なる宇宙次元にそろそろ行きましょう」というお誘いですが、それにはまず、コミュニケーションから始めてほしいのです。

自分自身のハイヤーセルフ（高い次元の自分自身、内なる神）との会話です。

私たちは直接、創造主とつながっているのです。

その次には、地球です。

地球は生きているのです。優しい寛大な美しい女神です。


レディ・ガイアとつながるのは簡単です。

自然の中での公園のベンチ、あるいは一人のお部屋で話しかけてみてください。

彼女はあなたが意識を向けると、すぐに喜んでコンタクトしてくれますよ。

レディ・ガイアは、私たち一人ひとりを特定認識しています。

それをもっと知ることです。みんな地球に確かに住んでいるけれど、無機質な土の塊《かたまり》で、心が通い合うなんて思っていませんね。

でも、レディ・ガイアは私たちを深く深く愛し続けているのです。

そして来るべきアセンションの時には、全員でシフトしたいと強く念じているのです。

神との回線を強く逞しくしてゆく道を歩む

私たちはかつて、天使たちやディーバたちと遊び戯れていたパラダイスを経験しています。その時にとても親しくしていた天使もいます。

それに、天使というとフワフワした存在と思ったら大間違いです。

大天使ウリエルは、旧約聖書にも出てくる退廃の街、ソドムとゴモラを一撃で滅ぼしています。

1966年の映画「天地創造」（ジョン・ヒューストン監督）にもありますが、硫黄《いおう》の雨を降らせて一瞬にして壊滅させたのです。あの時に「振り返ってはならぬ」という禁を破って、塩の柱になったのはロトの妻です。神の使者を演じているのがピーター・オトゥールです。この神の使者は大天使ウリエルといわれています。

その大天使ウリエルは、私たちの太陽神経叢《たいようしんけいそう》、みぞおちを護ってくれています。

大天使ミカエルは大天使の総監督で、「これは神の道にはずれているよ」と教える存在でもあります。だから闇に強く、とても大きな力を発揮します。

ただ彼らは、神の青写真に忠実で、根底に愛があるので、人類が困るようなことは何ひとつしません。私たちの強力な味方であるということです。

だからよく、「自分はキリスト教徒じゃないから、ミカエルやラファエルは関係ない」という人がいますが、日本の神々、瀬織津姫《せおりつひめ》様とか、饒速日大神《にぎはやひのおおかみ》様などの神々も、実は日本神界を超えて宇宙を包括する神々です。

たとえば、ブッダもアセンデッド・マスター（次元上昇したマスターのこと）のひとりです。

彼は今、６人のブッタに分身して活動しており、地球人のアセンションに尽力しています。

このように、彼らは本当に身近な存在なのです。

お呼びすればどなたにでも、すぐに来てくれます。

旧約聖書の中に、「楽園からの追放」とありますが、事実は、楽園からの追放ではなく、「自らパラダイスを出て、生き地獄に向かった」ということなのです。

それは〝無垢〟だったから、闇の者にそそのかされてしまったからです。

「暗い話は聞きたくない！」と思う気持ちもわかります。暗い話は誰でも嫌ですね。

でも情報として受け取り、自分自身の魂に照らして取捨選択し、自分軸をズレさせず、**神との回線を強く逞《たくま》しくしてゆく道こそ、歩む必要があります。**

自分軸がズレなくなると、外の情報に一喜一憂しなくなります。

無垢であることは素晴らしいことです。だからこそ、賢くなることが大切なのです。

宇宙の叡智が込められた「エクスカリバーの剣」

大天使ミカエルは、「エクスカリバーの剣」を持っています。

これは、光の評議会の24名の長老たちが彼に授けたものです。

彼らがミカエルに渡すものについて話し合った時、「盾」という案もありましたが、やはり「剣がよい」ということになりました。それがエクスカリバーの剣です。

エクスカリバーの剣は、アーサー王伝説で有名です。最初に、強大な力を持つ大天使の王メタトロンが、神の息を持つ光の力の助けを得て創り始めました。

彼は何十億年もの間、その剣を所有しました。その剣の中に「真実」を封じ込めて、完全な状態になるまで剣を鍛えました。

その剣は次にマイトレーヤー（弥勒菩薩《みろくぼさつ》）に渡され、「神の愛の本質」が入れられました。

このあたりからもう、エクスカリバーの剣は戦の剣ではなく、もっと特別な意味を持つものになっています。

そして、教師であり救世主の本質を持つ大天使メルキゼデック。彼は、大衆一人ひとりが理解できるような方法を用いて、「知識と真実」を剣の中に統合しました。

つまり、それぞれの大天使の持ち味が、この剣の中に込められたのです。

そうして、ついにエクスカリバーの剣が、大天使ミカエルの手に渡りました。

本当はミカエルだけが持つはずでしたが、彼が「素晴らしい剣だから、長老たちみんなで持ちましょう」と提案し、24人の長老たちがそれぞれ1本ずつ持つことになりました。**その中の1本は、今、地球に来ています。**

それが地球のどこにあるとは明かされていませんが、地球の出来事の真実が明かされる時が近づいています。

これから悪事が次々と露呈《ろてい》していきます。

隠していたものが全部あぶりだされ、闇の者どもの所業が全部明るみに出ます。

それに一喜一憂しないタフな自分軸をつくりましょう。

創造主との回線が切り離されてしまうと……

人間がまず思考するのは、頭脳だけではないということに注目しましょう。ハートの部位はみぞおちの上部の深奥で思考する、激しい心の痛みや喜びに反応する所です。

そうです、ここで思考するのです。

ハートでこれをやりたいと思うと、第三の目、マインドに浮上するのです。
それを受け取って焦点を当て知識を集約します。
そして、クラウンチャクラでそれが統合されて、神の創造主とつながります。
さらに、天使や神々、ディーバの自然エネルギーにより、実現されるのです。

その結果、自然界もそれに準じているから、私たちの意識を反映するわけです。
私たちの集合意識全体がハートを経由しなくなると、愛を感じなくなります。
すると、闘争本能がむき出しになります。その結果、動物たちもそうなります。
私たちがハートでものを考えるようになると、肉食獣もいなくなります。

これが基本的なしくみですが、それが今うまくいっていないのは、人間のマインドが、もとは神とつながっている一つのマインドが、いくつものまことしやかな理論によって分裂してしまったからなのです。
たとえばテクノロジーの中に愛がなければ破滅しますね。形而上学も哲学も、もっと

創造主・神からの分離

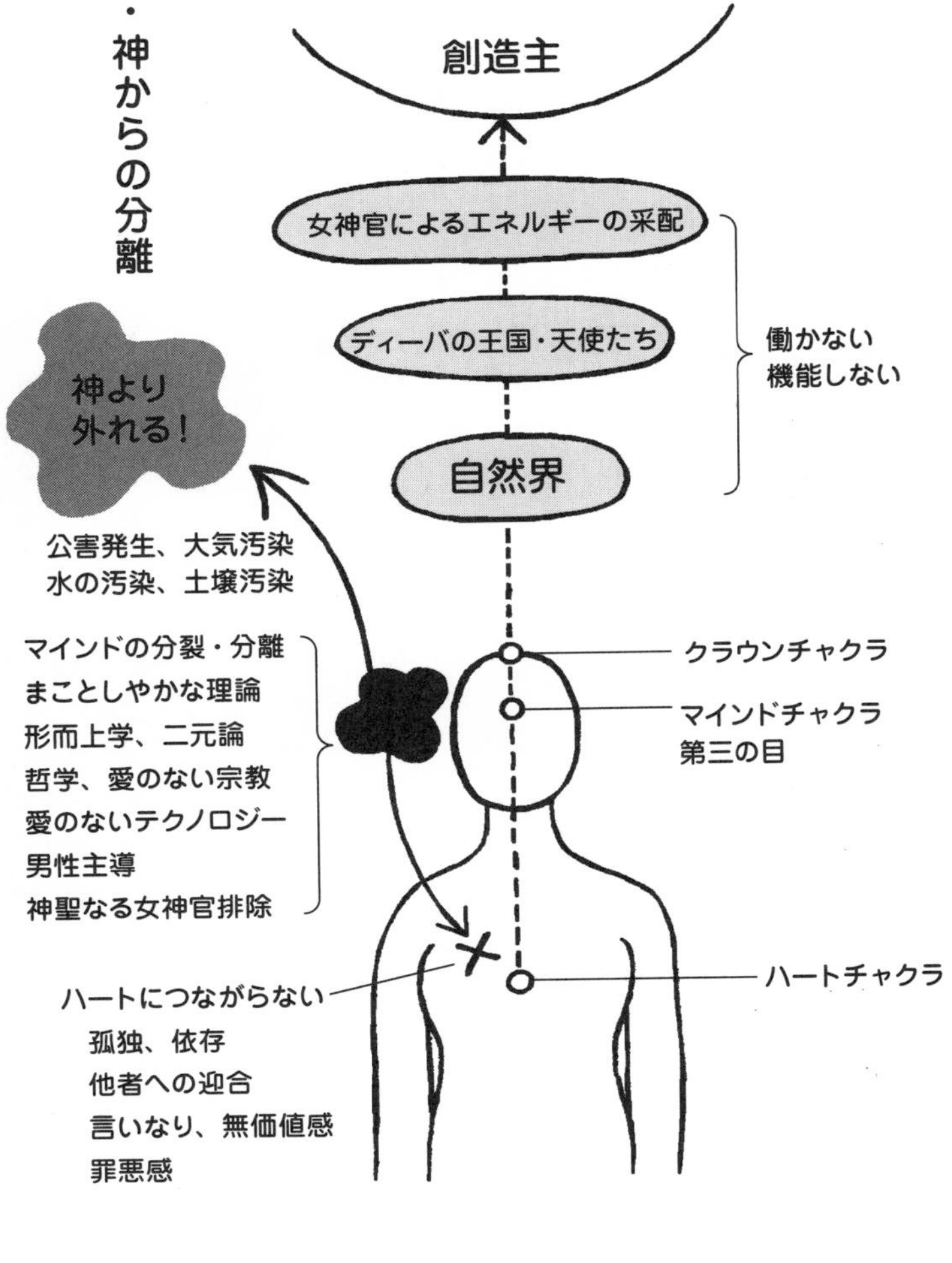
創造主
女神官によるエネルギーの采配
ディーバの王国・天使たち
自然界
働かない
機能しない
神より
外れる！
公害発生、大気汚染
水の汚染、土壌汚染
マインドの分裂・分離
まことしやかな理論
形而上学、二元論
哲学、愛のない宗教
愛のないテクノロジー
男性主導
神聖なる女神官排除
クラウンチャクラ
マインドチャクラ
第三の目
ハートチャクラ
ハートにつながらない
孤独、依存
他者への迎合
言いなり、無価値感
罪悪感

もな理論に聞こえますが、違う次元に持って行かれてしまうのです。

最初は、ルシファーが巧妙な理論を創造し、分裂の基礎を創り、それらが本当に分裂が形になったのはアトランティスの時代です。

そのために、ハートとマインドが分断されました。


ということは、**創造主である神との回線が切り離されたということです。**

したがって自然界、動物界も植物界も荒れ始め、アトランティスでは現代よりひどい公害がありました。ハートで考えないので自然をかえりみなくなったのです。地球をないがしろにしたのです。

しかし、マインドは、理論をあたかも現実であるかのように見るようになっていました。

ルシファー以前はマインドは一つであり、第三の目は真実をあやまたず伝えていましたが、それ以後の人たちは分裂したマインド（第三の目）を信じて疑いませんでした。

そのために方向がズレて、それは神からの分離となりました。

瞑想の目的は2つ——
神とのパイプをつなぎ直すことと、カルマの解消

① 神とのパイプをつなぎ直すこと

瞑想のテクニックを考案したのは、グレート・サナート・クマラです。

今また、瞑想の習慣を持つ人は増えつつあるようです。とても良いことですね。

その目的が非常にシンプルなものであることに、どれだけの人が気づいているでしょうか。

本来、瞑想は何をするためのものかというと、私たちのハートチャクラ、マインドチャクラ（第三の目）、クラウンチャクラの「ズレ」を直して、まっすぐにするだけのことです。

マスター・マーリンや大天使ミカエルが、「表にしてごらん、簡単だよ」と教えてくれたのが83ページの図です。簡単に言ったらこれだけなのです。

② カルマの解消

私たちは、地球上で何度も転生しています。

平均２５０～３０００回ともいわれています。

その度に先祖の果たせなかったカルマを肉体に宿すことになります。

カルマは罰ではなく、「果たせなかった感情」なのです。

厄介なことに、これは物質化して、現在の肉体の要所に固まって「神の神経システム」を妨害します。ブッダの主治医だったマスター・シヴァカからみると、「カルマの山のようだ！」とのことです。そして、血中にただよい、現在の出来事に瞬時に反応し、攻撃したり、落ち込んだりさせるのです。

あなたは、自分の怒りだと思っているのかも知れませんが、それはあなたではなく、先祖の誰かの「果たせなかった感情」が暴発しているのかも知れません。

この認識はとても大切です。自分のものではない、怒りや妄想が身の内にあるという現実です。それは、イメージではなく、物質化しているのです。

幸いなことに物質化しているので、対処できるということです。瞑想やセルフヒーリングは健康にも素晴らしくよいので、毎日やるとどんどん解消できますよ。左記の本を参照に、一人で簡単に解消することができますよ。

※お勧め図書『タイリシヨガ』～セルフヒーリング&セルフマッサージ　ボブ・フィックス著
Enlightenment Program Co., Ltd.1

私たちの地球、レディ・ガイア――人類のためにアトランティスを壊滅させた偉大な愛

「ハートは神の入り口であり、神の座です」と言いましたね。

アトランティスの時代、すでに今よりもひどい公害を発生させて、人々の霊性はどんどん下降しました。

ハートといかに離れたか、という貴重な教えです。

3次元に初めて物質化した海底のポセイドンも公害を発生させ、自然を破壊しました。

アトランティスの6つの衛星国であるアマゾン川流域のメル、アジアのゴビ砂漠のシャンバラ、エジプトと中東のサハラ、ギリシャと東ヨーロッパのエオリア、北ヨーロッパのキャメロット、太平洋のレムリア（同じ名前の第2の文明）もそうでした。

ということは、神とつながっていなかった。つまりディーバや天使たちとの回線も当然切ったということです。**その回線を戻す時が来ているのです。**

私たちの地球、レディ・ガイアは、ただの土くれなどではなく、素晴らしい生命体なのです。

「母なる地球」と聞くといかにも年を取っていると思うかもしれませんが、実は惑星としては若い女神なのです。

彼女は私たちを心から愛していて、しかも勇敢です。

人類のためにアトランティスを壊滅させてしまう、偉大な愛です。

地球はどんな創造でも許してくれますが、それでもその時は激怒しました。

それは、公害に怒っていたのではなく、人類を奴隷民族にさせようとしていたことに怒ったのです。今までも幾多《いくた》の戦争や核実験もその寛大さゆえ許してきたのです。

その愛の深さといったら、多くの大天使もマスターたちも称賛しています。


繰り返しますが、これからはもっと意識的に、公園のベンチでもいいし、森の中でも、海辺でも、お部屋でもいいので「レディ・ガイア、愛しているよ」と、地球の中心に向けて伝えてほしいのです。すぐ返事がありますから。


体感しづらい人は「サインを見せて」とお願いすればいいのです。

蝶々が飛んだり鳥が鳴いたり、気持ちのいい風が吹いたり、必ずサインを見せてくれます。あなただけが感じる、「これがサインだな」とわかるものを即、くれます。

ぜひやってみてほしいと思います。

レディ・ガイアはあなたを知っています。

自分と異次元は、かけ離れていると思わないでほしいのです。

世界各地に埋められている12光線のヴォルテックス

アトランティスの時代、男性神官たちが理論にからめとられて頑迷になり、ズレはじめたことに、女神官たちはいち早く気づいていました。

アトランティスには、最初は12人ずつ、同数の神官長と女神官長がいました。

男の神官は神の意志をつなぐ役割ですが、つなぐ者の目が狂っていたら物事が狂っていきます。でも女神官たちは「神のエネルギーを具象化させるパワー」につながる存在としての役割なので、いつもハートとつながっていました。だから「彼らは堕落した」とわかってしまったのです。

最後までハートからズレなかったのは女神官たちです。12光線のそれぞれに1万2000名の神官と女神官が対応していたのです。

でもアトランティス時代は、まわりがみんな透視能力者なので、考えていることが見透されてしまいます。女神官たちには地球を守護する大事な役目がありました。

12光線のヴォルテックスが世界12ヶ所に埋まっているのですが、今わかっているのは、**ヒマラヤ、南米のアンデス、南極、オーストラリアのウルル、英国南西部のグラストンベリー**といった場所ですが、それを隠したのは女神官たちです。

そして誰がどこを守るかも秘密にしました。


ヴォルテックスを悪用されると地球が破滅するとわかっていたので、彼女たちは「男性の神官が堕落するのはいたしかたないが、地球が破壊されることは断じて許さない」と思いました。

女神官たちは沈黙したあと、隠遁生活に入り一線を退きました。

そして、透視能力者から逃れるために、あえて忘却しました。自らその場所を忘れて、ヴォルテックスの位置を探れなくしたのです。

地球をないがしろにしたアトランティスの二の舞は、決して起こしてはならない

最後まで女神官たちは、何が大切かをわかっていました。

この機に乗じた者が商人たちです。かねがね邪魔だと思っていた女神官たちを外しにかかりました。

現代まで続く男尊女卑の風潮は、アトランティスの時代にできました。

未来の教育・医学・テクノロジーの中に、女神たちの地球への愛の息吹《いぶき》を吹きこむことは、女神官たちの真の復権にかかっているのです。

地球をないがしろにしたアトランティスの二の舞は、決して起こしてはならないのです。

宗教もそうだし、哲学、形而上学はすべて神との回線を歪ませています。宗教については第3章でくわしくお伝えします。

そして第三の目は、分裂したほうの実体のない理論を、あたかも正しいと思わされてしまいます。形而上学や哲学から見ると、愛やハートは幻想で、弱々しいものに思えるのです。

現代の私たちも、「愛は勝つ」と口に出しても、どこか自信が持てないところがあります。

でも本当の実存は、愛のほうにしかないのです。

多くの男性が頑迷なのは、理論によって第三の目がずらされてしまったため、頭でっかちになり、ハートとも創造主とのパイプになる部分とも分断されてしまっているので、見えざる世界への狭量な偏見や、内なる神との対話ができなくなってしまったからです。

問題解決も小手先のもので、真の問題解決に至ることはできなくなりました。

地球がアセンションすると、天の川銀河全体がアセンションできる

金星がアセンションしたのは、ちょうどオリオン大戦が終わり、サナート・クマラが地球にやって来た時です。

太陽系の惑星はすでにアセンションしていて、まだアセンションしていないのは地球だけです。しかも、太陽系の配列の中で、**地球はハートチャクラにあたるきわめて重要な位置にあります。**だから今回も、大天使たちやアセンディット・マスター、神々たちが皆がこぞって応援に来ているのです。

しかも「今回は失敗させられない」と、大天使ミカエルもマスター・マーリンも皆様いっています。

他のアセンデッド・マスターたちも、「今回しくじったら大変だ。絶対にそうさせない」と思っています。

地球がアセンションすると、天の川銀河全体がアセンションできるからです。
その時に、天の川銀河のカルマも解消されるのです。

なぜかというとサナンダにしろ、大天使ミカエルにしろ、セラピス・ペイにしろセント・ジャーメインなどたくさんのマスターたちは、地球に御縁が深く、人類を愛しているのです。

マスター・マーリンはキャメロット（アトランティスの衛星都市の一つ）でマスターを数多く育てているので、失敗は許されません。だから皆様応援してくれているのです。

昔は、イエスやブッダレベルの霊格の高い者にしか、大天使もアセンディット・マスターも関わりませんでした。

ところが今は、宇宙の大ビックイベント、アセンションがかかっているので、皆様、惜し気もなく大盤振る舞いでサポートしてくれますよ。

クリスタル・スカルに隠された「地球人奴隷化の秘密」を解読すれば、人類を元に戻せる

サナート・クマラが250万年ほど前に地球に連れてきて、そのまま留まっている14万4000人のマスター（グレートホワイトブラザーフッド）は、地球救済とアセンションのための精鋭部隊という位置づけです。

それと一般の中に、銀河連邦の決定で、地球人を助け、アセンションを後押しするために宇宙からやってきた人類が約45億人いるはずです。主にプレアデス、アルクトゥールス、シリウス、アンドロメダなどからやってきた、もともとは同じふるさとを持つ、こと座からの人たちです。

今もアセンションを助けているのがレムリアですが、当時のレムリアの波動は相当高かったのです。

最初のレムリア人たちは地球上空のエーテル体の世界にいたので、遺跡はありません。

そしてクリシュナが2回目に地球を安定させた時に、多くのレムリア人は、クリシュナと共にグレート・セントラル・サンへと神上がりしました。

第2レムリアは地球に存在していました。

でも、もとのレムリアとは似て非なるものです。その時に神上がりしなかったレムリア人は、なんとイルカやクジラになっていて、海を光で包み、波動で人を癒やしたりして、アセンションを助けているのです。

アトランティスの衛星国といわれるエオリア、メル、シャンバラ、サハラ、キャメロット、第2レムリアなどの国は、本当に地上にあったのです。その遺跡はだんだん見つかっていくでしょう。

サハラももとはサナート・クマラの拠点で、緑豊かな場所だったようです。

ああいう場所に、頭部2体のクリスタル・スカルは現存するようです。

そのスカルにどんなふうに地球人を奴隷化したかという秘密が隠されていて、それを

解読してDNAを変えれば、人類を元に戻せるといわれています。

人間のDNA操作はアヌンナキの仕業ともいわれていますが、**アトランティス時代にも私たちは、DNAを操作されて、かなり改造されたのです。**

トート・ヘルメスは最高の人間を創ろうとしてそれを行ったのですが、たったひとつ、ハート（神の座）が欠けていたのです。

だから、アトランティスは滅びてしまいました。

アカシックレコードは、完全な情報ではありません

私はマスター・マーリンから、「レムリアやアトランティスで何が起こったかきちんと知って、それで自分の身の処し方を考えなさい」といわれています。

その内容は、アカシックレコードからも削除されているのです。

アカシックレコードは、地球の歴史が正確に刻まれた、典籍だといわれますが、実はそうではありません。

人間のエネルギー体

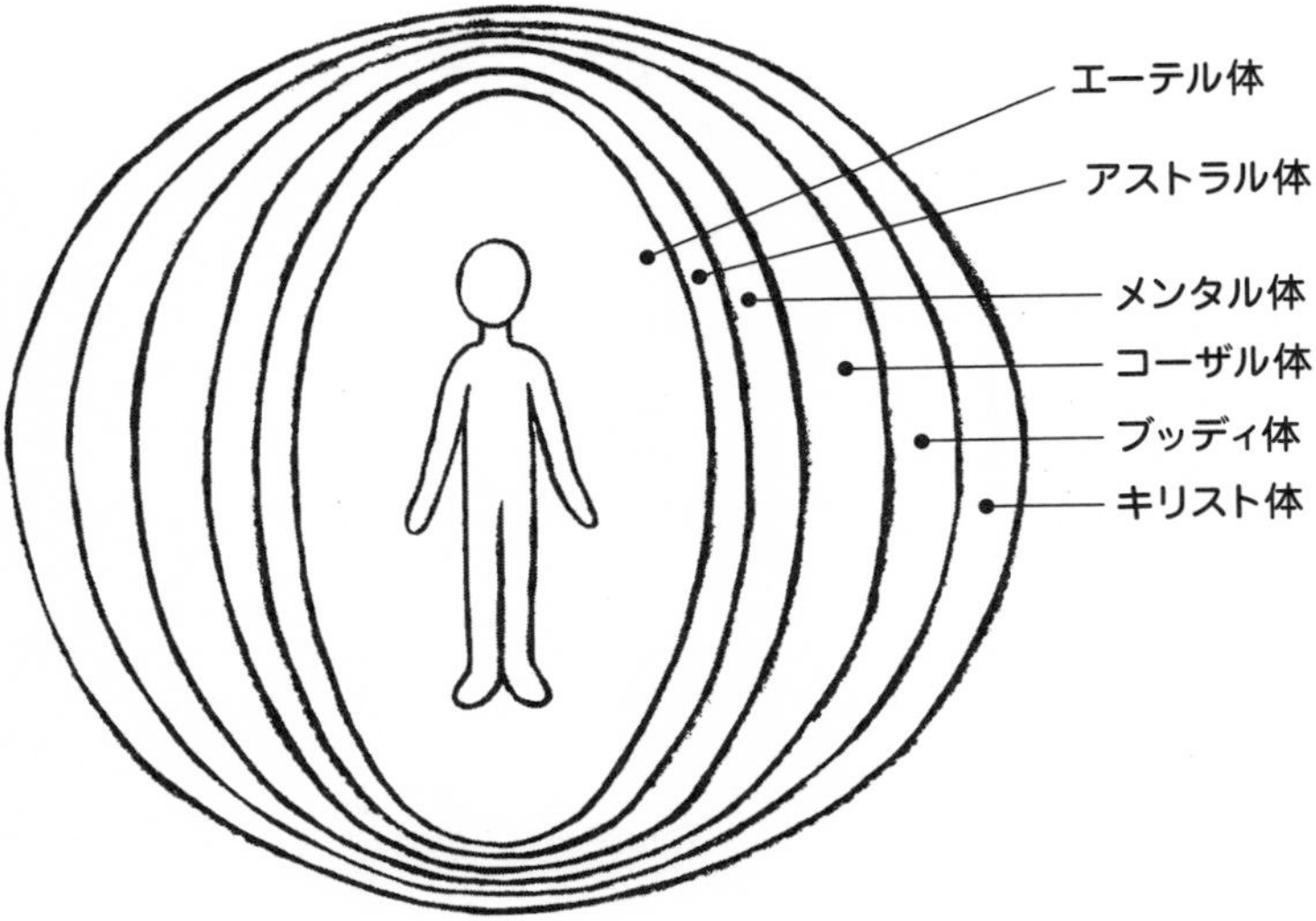

私たちのアクセスレベルは、
アストラル界止まり。

「アカシックレコードは地球の大気圏内で起こった出来事に対するカルマの名残りであり、すべての出来事に対する大気中に存在するイメージや感覚である」と、マスター・マーリンは教えています。

私たちのアクセスレベルは、せいぜいアストラル界止まりなのです。

アストラル界は誰もアセンションしていませんので、見えたり聴こえたりするチャネラーは自分にとっては真実なのですが、さらに謙虚になる必要がありますね。

アストラル界レベルの情報なら、それは3次元を補強してしまいますので、注意が必要です。真実の歴史は、偉大なるマスターたちのチャネリングによって、自分自身のハートで得心がいったものになることでしょう。

今後、アストラル界より高次のブッダのレベルやキリストレベルにアクセスできる、優秀なチャネラーが多く現れて、真実をたくさん明かしてくれるといいですね。

第3章

光につながる
——光と闇の本当の戦い

ルシファー・サタンが創った「神の反対の世界」

闇の者どもについて語る前に、最初の堕天使といわれたルシファー・サタンについてもう一度書いておきたいのです。

なぜ、あれだけの高みにいて、神の隣に座して「輝ける星」といわれた天使が堕天使になったのかが、私にはとても大きな疑問でした。

彼は大天使ミカエルやほかの天使たちと、とても違っているからです。

高次元とのつながりが深まり、私自身の記憶も鮮明になるにつれてわかったことは、彼だけがほかの大天使、天使、ディーバたちと違って**「独自に創造できる」という能力を持っていたということです。**

もとから持っていたというより、自分でそういう能力を開発したのです。

でも、いくら大天使といえども、自力で天使やディーバたちを創ることはできません。

彼らが創造を手伝ってくれることによって、初めて意図したものを具現化することができます。だから彼は、ほかの天使たちを口説いたのです。

「自分と一緒に、新しい光明の道を歩まないか」「新しい銀河を創ろう」と。

それは結果的に「神とは反対の世界」を創出しました。

結局、神からはずれる道だったのですが、ルシファーはあまりにも人望があり、尊敬を集めていたので、天使の何人かを従えてチームを創ることができました。

彼は卓抜した説得力を持ち、「神の隣に座する者」として誰からも特別視されていたので、ルシファーを慕い従う、優秀な天使のチームができるのは当然でした。

人間界でも、素晴らしいリーダーが現れて、「君の能力が必要なんだ、君と一緒にその夢を叶えたい！」「今までに存在しない、新会社を立ちあげよう！」などと説得されるとついていく人たちはいますね。それと同じです。

もしルシファーが風采《ふうさい》があがらない、弁舌の才能のない男だったら、私たちは今でもパラダイスにいられたんだなと心から思います。

地球もこんなに汚染されなかったでしょう。

彼は本当に魅力的でした。

光明の道という名のもとに「神と違うものを創りたい」ということは、それは対極の「調和と平和、愛のないもの」になります。結局は「悪」ということになります。

でも、彼らにとっては「正義」なのです。

「歪んだ大義」でもあるのです。

この「歪んだ大義」を正当化するために、説得する理論も創造しました。

これが「神へと続く一つのマインド」を分裂させることにつながりました。

悪を伝播させる時には、常に大衆が必要となるからです。

大手メディアをダークロードが狙うのは、大衆が必要となるからです。

大衆の力がなければ、悪は力を発揮できないのです。今日の大手メディアがどちらに加担したのか、次々と露呈されてゆくことでしょう。

大手メディアは立場を利用して、大衆をコントロールできます。それに手を貸しているキャスターも含めて、もし、その報道によって、誰かがネガティブをこうむった場合は、携《たずさわ》ったすべての人々がカルマをもらうことになります。

それは、名誉やお金よりも、割に合わない「魂の代償」になるのです。

「無垢であること」の危険性

ここで問題になるのは、「無垢であること」なのです。

ここから「神からはずれたひとつの思い」が生まれたということなので、おそらく説得された天使たちも無垢であったということです。

これから、「無垢であること」と「無知である」ということが、私たちの認識の中でとても大きなものになっていくと思います。

人間界でもそうではないですか?

時に、純粋で温室の中で育ったような純朴な人に、たまに出会う時があります。

「この人、このまま世に出たら、羊のように狼の餌食《えじき》にされてしまうのではないかしら？」と思える、無垢な人がいます。

無垢ということは、神の根源にもあたるので、本来はとても崇高な祝福です。

いつまでも、この無垢が温存されて欲しいと願います。

ただ、闇を生き抜いた者からすると、「無垢である」ということに対して、ある意味切ないというか、惜しいというか、危なっかしいので護りたいという気持ちになることはまぬかれません。

これからの人たちは、闇への知識も併せ持つ必要があると思います。

闇はどのように生まれたのか ——「独自の宇宙を創りたい」と意図したルシファー

その闇は、どのように創られたのでしょうか。

結局、根源はルシファーの説得力です。

これが私たちの現在にも続く、大いなる堕落につながっているわけです。

「神の入り口はハートであり、人の入り口は第三の目である」と昔からいわれていました。当然ルシファーも、第三の目は開いていました。

だからこの時点ではルシファー自身も、自分が宇宙に与える悪影響に気づいていなかったのではないかと思います。

彼はただ「自分の独自の宇宙を創りたい」と意図しただけであって、これがやがて全宇宙を凌駕《りょうが》する闇になっていくという意識があったかどうかは、疑問です。

それは私たち人類にも許されている、神から与えられた特権なのです。

私たちも神から「好きなだけ創造力を使ってよろしい」といわれ、創造する権利を持っているのです。

ルシファーの特権と、私たちの特権は違います。

しかし、ルシファーは偉大な能力を開発し、使い、やりすぎました。

超えてはならない一線を超えてしまいました。

ルシファーも捕らえられて、保護観察となり、永遠ともいうべき時の中で、自省の日々を送っています。

人間が神に創造を許されている前提として、私たちはみんな神の炎、スパークをもっていることがあげられます。

スパークとは、いわゆる根源的な愛や平和や調和です。

だから、人間の創造力には、何を手がけても最終的には愛と平和と調和を創り出すという性質があります。だから、神もすべてを許しているのです。

ところが、私たちの世の中を見てみると、そうなっていません。「違うぞ」と、私たちはもう認識していると思います。

それでは、どのようにして歪み、今日の文明になったのか、調べてみましょう。

その歪みの中には、当然レムリアとアトランティスが関わっています。

ルシファーの放った闇
――私たちを闇に引きずり込むことが大義

人類創生からさほど経っていない頃、いわゆる原初のレムリアの頃には、12光線のすべてをもっていたのです。

12の光線を足すとゴールドになるので、宮殿や神殿、ありとあらゆるものは、まるで金粉をまぶしたようなまばゆい光を放っていました。

当然、この12光線世界はまだ幻のようであり、地球の上空のエーテル体にいて、まだ物質化していませんでした。

私たちは、神々、天使、ディーバたちと本当に遊び戯れていたのです。

人間の思いはすべて叶えられたので、レムリアの初期には、私たちは空を自由に飛べていたし、自由に変身することもできました。

レムリアの人たちはこの時点で、神上がりというか、グレート・セントラル・サンにクリシュナと共に旅立ってしまいました。ですから、地球上を探してもレムリアの痕跡は見当たりません。

第2レムリアはアトランティス時代につくられ、物質化しているので太平洋の海底に遺跡が見つかる可能性があります。

この時代には、一部の人類は全宇宙に進出していました。だから、この地球だけの、天の川銀河だけのものではありません。もっと進化した星もありました。

堕落が始まったのはオリオン大戦からでした。

ルシファーの放った闇は、実はもう一つ恐るべきものを創りあげたのです。

ルシファーが、自分について来てくれた天使のチームと一緒に創りあげた人類には、神のスパークがありません。

そして、天使たちはほぼ不老不死なので、彼らが創りあげた人類も不老不死なのです。

ただ、そこでの創造は、すでにお伝えしたように大義が間違っているのです。

「これが光明の道である」とルシファーにより創られた神のスパークのない人類は、ルシファーの描く道こそが最高の道と認識します。彼らの感覚からいえば、**正義の士として、私たちを闇に引きずり込むことこそ大義なのです。**

そして彼らも永遠不滅なので、何度殺されてもまたよみがえります。

よみがえって何をするかというと、相変わらず歪んだ大義を奉じているのです。

そして、そこに殉死する覚悟もあります。

彼らが変わるには、愛を認識して自分の大義が違っていたのだとわかり、意識を変えるのを待つしかないのです。

本当の愛というものを認識させる以外、彼らを変えられない。ということは、**私たちが躍起《やっき》となって闇を撲滅しようとしても、闇を駆逐《くちく》することはできないということです。**

幸いなことに、この神のスパークのない人類の多くは、光の戦士により淘汰《とうた》されています。

愛こそが、すべての全能なるパワーなのです。

自分自身でこの生き地獄とされているカルマのループを断ち切るには、ハートの神の座で考え、浮かんでくるさまざまな先祖のカルマの暴発する感情を次々に光に包んで手放していくことなのです。

パラダイスに行く旅行カバンの中身に古い下着や汚れた物は不要です。それらを処分してから軽やかに旅立つのです。

「死」は神ではなく、人間が生み出したもの

私たちは、悩みとか嫌なことがあると「落ち込む」といいますが、それは沈む感じがしますね。本当に沈みます。重力は下に向いているので、体重も重くなっているのです。悩んでいる時は体重が重くなるのです。重力（グラヴィトン）が重みを増すのです。

もともとの私たちは、空を飛ぶこともできたし、若々しく不老不死でした。ライト・ボディは軽やかだったのです。

ところが、重力が増すということは、エネルギー体も押しつぶされるわけですから、歪む段階で、まず私たちは眠りを創りました。

眠りの中に逃げて元に戻ろうとした、リセットするようにしたのです。

でも、眠りくらいならまだましでした。

それでも完全リセットができなくなった時、ついに「死」というものを生み出しました。

第2章にも書きましたが、**「死」は神ではなくて、人間が生み出したものです。**

これは覚えておきましょう。

レムリアの最初の頃は、本当に不老不死に近かったのですが、アトランティスで、寿命は700年から1万年になっています。そして現在は100年くらいです。

いかに次元が落ちたか、寿命をみてもわかるのです。

ダークロードは、人類が本当の霊界に帰れないように罠をしかけました

波動がどんどん落ちていくと、比例してカルマが溜まっていきます。

リセットしてもカルマは残るし、ついでに両親の負の遺産と先祖からの膨大なカルマも持ってくるからです。

そして、ダークロードたちは、人類が正当な霊界に帰れないように、ここでもトラップをしかけました。

それが**霊界のふりをした「幽界」です。**

本当の霊界に行くと、体験したものはすべて叡智の真珠となります。

イリュージョンの世界で自分のしたことの意味がわかると、もう同じ過ちは繰り返しません。完全にリフレッシュとリセットされます。

そして次の体験のために「転生」します。

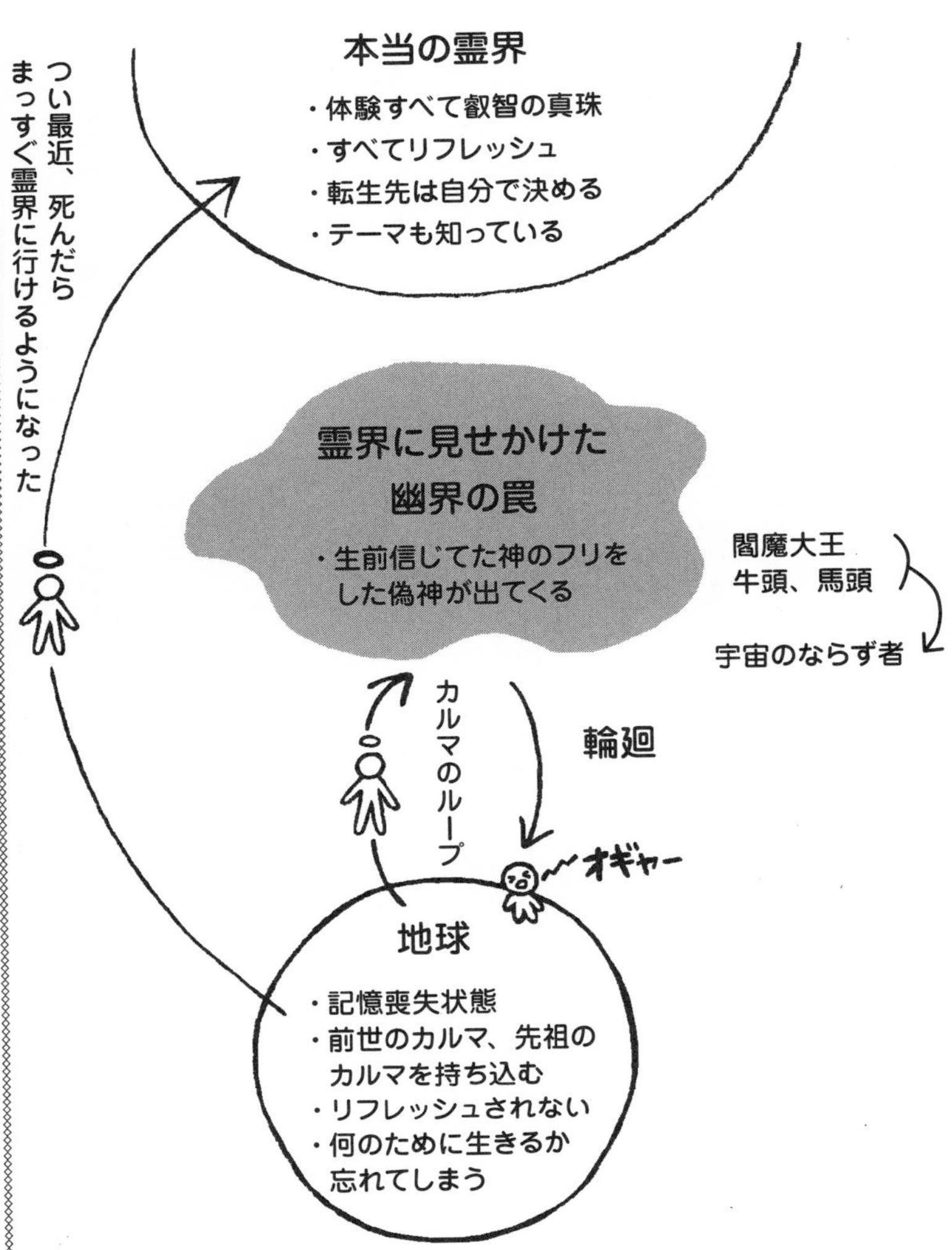

本当の霊界
・体験すべて叡智の真珠
・すべてリフレッシュ
・転生先は自分で決める
・テーマも知っている
つい最近、死んだら
まっすぐ霊界に行けるようになった
霊界に見せかけた
幽界の罠
・生前信じてた神のフリをした偽神が出てくる
閻魔大王
牛頭、馬頭
宇宙のならず者
カルマのループ
輪廻
オギャー
地球
・記憶喪失状態
・前世のカルマ、先祖のカルマを持ち込む
・リフレッシュされない
・何のために生きるか忘れてしまう

これが本当の霊界です。次に何を体験するか、自分の意志で決めることができます。

ところが霊界のふりをした「幽界」には罠《わな》があり、あなたが生前に信じていた偽物の神様までも出てきます。

光までまとっていますが、本当の光ではありません。

幽界へは、記憶喪失のまま行って、記憶喪失のまま戻るような感じです。

記憶喪失のまま、今世に戻ってきます。

完全にクリアにされない、リフレッシュされないのです。

そうすると、地球⬇幽界⬇地球、そしてまた地球⬇幽界と、ぐるぐる何度も巡ります。

これがカルマのループです。このことを輪廻《りんね》といいます。

本来、輪廻と転生はセットではないのです。

転生は、自分が人生のテーマを選び、転生先も選び、もちろん、それを自覚しています。カルマが雪だるまのように積もっていきます。

幽界にいる閻魔様や、地獄の番人牛頭《ゴズ》と馬頭《メズ》、あれも罠です。

あれは宇宙のならず者たちです。

でもその幽界も、光の戦士たちが消去してくれたので、ほとんど残っていません。

やっと直接霊界に行けるようになったのは、つい最近です。

閻魔大王などのならず者は、光の戦士たちがやっつけました。今死んだらまっすぐ霊界に行けます。

地球の真実——奴隷インプラントを埋め込まれた私たち

闇の者どもは、インプラントやコードを通して私たちをコントロールしています。

「いい子になろう」と思っても、自分の嫌な部分を思い出して罪悪感や孤独になったり、すごくいいアイデアが浮かんでも「お金が」とか「でも世間が」、「うまくいかないよ」などという声が聞こえて、「私なんてたいしたことない、どうせできないわ」と中途半端に諦めたことはありませんか?

私たちは闇の者どもやDNA操作のできるアヌンナキ等によって、私たちが分からないと思って、本当に失礼なことをされているのです。

体の中にも、ルシファーやレプティリアン、ドラコニアンなどによって、奴隷のインプラントだけでなく、**本来の能力を抑制するコードが400から500も埋められているのです。**いつ、どこで、誰に埋められたかは各自違いがあります。

そうしたインプラントやコードを、私は、第4章でお伝えする、米国のケリー・ハンプトンが12次元の大天使ミカエルのチャネリングで体系化した「スターヒーリング・インターギャラクティック・エネルギーシステム」というヒーリングを行う中で目撃しています。インプラントやコードをはずしたあとの姿も追跡調査しています。

インプラントは人の脊髄や、右の腰に埋め込まれています。

またDNAの中には、真実と偽りが判断できなくなるDNA操作がされています。

これは、私たちでは認識できないエーテル体にもありますので、本当に卑怯な奴等だと義憤にかられます。

それだけではなく、自分がカルマの中でつくってきた今世と過去世からの、真実以外で使った低レベルの周波数のホコリなどもいっぱい溜めています。

その中であっても、真実の愛で使った美しい魂のかけらも、キラキラと輝いて残っています。

サイドワインダーという、砂漠に住む横向きに進む習性のあるガラガラ蛇が、人類の意識に挿入されていました。

エーテル体にも、DNAの中にも入っています。

ドラコニアンやレプティリアンもDNAを操作できるので、そうしたコードが、誰にいつ、どこで入れられたかは不明です。人それぞれ、生きた時代によっても、場所によっても違います。

それを自力で全部はずして次元上昇したのが、アセンデッド・マスターたちです。

それを自力でやってのけたことは本当に素晴らしいと、スターヒーリングの体験をとおして、改めて尊敬の念を抱きました。

人間のカルマが溜まると動植物の苦しみも増していく

そして、個人のカルマだけではないのです。

人類の集合意識も進化の歩みが遅いのは当然です。カルマだらけなので、集合意識自体が重たい。人類の意識が大天使やディーバたちにも、大きく影響します。まるで蜘蛛の糸でからめられたように動物界、植物界も不自由な状態になっているのです。

大天使やディーバたちには、人間の意識によって物事を創りあげる任務があるのです。人間が操作され、カルマの解放ができなければ、大天使やディーバ、動物たちもがんじがらめです。

先述の通り、人間が戦い出したために、動物は喰い合うようになったのです。それまで動物は、草食であろうが肉食であろうが、喰い合うことはありませんでした。

私たちはともすると、動物を見下しますが、彼らは同種を絶滅させることはしないのです。

だから、**人間のカルマの影響をもろに受けるのは、動物界と植物界です。**

ディーバを救出しなければいけないのですね。


動物たちは、人間よりもっと大量のコードを入れられています。

食物連鎖によって調和しているというのは、あとづけです。あれはいらないシステムです。本当はエネルギーを吸収できれば、かなりの空腹はおさえられます。

大気がきれいな時は、仙人も大気から栄養をとっていました。

アムリタのような清い水からも、人はエネルギーをもらっていたのです。でも、大気が汚染されて水が死んでしまうと、恵みの物質を取り込めないので、食べ物でとるようになったのです。

大気と水の汚染で幾多の文明がほろびました。


そのことを見ても、ハートをないがしろにしたことは、とても大きいことです。

人間だけの問題ではないのです。

ディーバや天使たちは蜘蛛の糸のようにがんじがらめで、息も絶え絶えです。

かつての花は、人を見つけるとあとを追っていたようです。そして、気づいてもらえると大喜び、この世のものとは思えない芳香を出してくれたりしました。

植物たちの葉はエメラルドのように輝いて、蝶々のように歌っていたといいます。

その世界を私たちは見て来て、知っているのです。

だからあなたは、時々この世が不都合で、うす汚なく感じるのですね。

それでも、お花に「ディーバおはよう」とか「いい子だね」と声をかけると、花も長持ちしてくれます。なぜなら生き物は、天使とディーバの分身だから。

動物も本当は、天使やディーバの分身で、あなたの愛するペットも、トイ・プードルや柴犬や三毛猫ではなく、天使やディーバの分身なのです。

絶滅危惧種が増えたのも、人間がハート、神の入り口をないがしろにしてきたことの表れです。「アトランティスのテクノロジーは現在よりもはるかに進歩していました。

しかし、ハートをないがしろにした大きな実験はこのように失敗してきた」と見せてくれているのです。

それを愛の中でじっと見つめてきた存在が地球！　レディ・ガイアです。

とめどなく深き愛と忍耐と寛大さを持って、人間の所業を許してきました。

今こそ！　地球のヴォルテックスを守り貢献してきた女神たちが目を醒まし、復権して、地球を支える時がきました。

これは私見ですが、この大任を果たすべく、過去世において偉大な戦士だった男たちが、今世では女性に生まれ、大きな牽引役を引き受けている気がします。

その女性たちの特長は、女の色香を武器にせず自立していることです。

イエス・キリストのハイヤーセルフ――サナンダ・クマラ

私たちのヒーローをご紹介しましょう。地球への愛と溢れんばかりの愛を持った者、イエスのハイヤーセルフ、高次元におけるエネルギー体がサナンダ・クマラです。

サナンダは銀河評議会とグレート・セントラル・サンから特別招集を受けました。

なぜなら、**銀河全体が地球のアセンションを待ち望んでいたからです。**

地球は太陽系のハートチャクラであり、地球がアセンションするまで他の惑星は待たなければならず、この地球がアセンションすれば、ついに太陽系はその制約から解放されるのです。


サナンダ・クマラは語りました。

「地球の準備のために身を捧げよう。地球の最後の日まで、そこに暮らすものすべてのアセンションの準備が整うまで、地球にとどまろう。もし地球が今回失敗するなら、とどまってこの良き惑星の者たちのために尽くすことにしよう」

そして、アトランティスで「アベル」として誕生しましたが、ダークロードの暗躍と成り上がり商人一族の「カイン」の攻撃にあい、アセンションは失敗しました。

サナンダは、今回もアセンションをめざして地球に転生しました。その名は「イエス」として、弟子たちに自分が復活する姿を見せて旅立ちましたね。弟子たちは、砂取りといわれる漁師や農夫など当時の社会的弱者でしたが、イエスの教えと復活した姿を見て、大いなる志を抱き、伝導のため旅立ちました。

しかし前途の壁は厚く、既存の宗教もあったため、殺されたり、彼らの伝導はたいして広がっていません。

ヨーロッパの教会の名は忘れましたが、まるで骸骨のような男がローブを腕にかかえて立っている1メートル位の黒い像がありました。不審に思い聞いてみると、弟子の一人が生皮を剝がされ、自分の生皮を持たされていたのです。

その残酷さは今も、目に残っています。苦難の道だったのですね。

3次元の宗教の弊害

私たち日本人は、フランシスコ・ザビエルを通じてキリスト教徒に出会いました。その彼にせよ、他のイエズス会の人たちにせよ、みんなお金を持っていたことに気づきませんか？　全世界に伝導師を派遣し、しかし、その先の君主や統治者に接近できるほどの財力はどこから来たのでしょうか？

古代ローマから排撃されたほどの弱小集団が、なぜ途中からあれほどの大金持ちになったのでしょうか。しかも関わる相手がそのときの国の盟主たちです。

信長にせよ、秀吉にせよ、なぜ？　どこからお金が出たのか、とても不思議でした。

ここが、闇の支配者が目をつけたところなのです。

彼らの目的はたったひとつ、**神との回線を切り、マインドコントロールすることです。**

イエスは「神の王国はあなたの中にある」と言っていたので、キリスト教徒であろうがなかろうが、「イエス、私のもとに来て下さい」と声をかければ本当は直接つながることができます。

ところがそこに教会というバイパスをつくった。それも神との回線をずらすひとつの手法になりませんか？　**3次元の宗教の弊害は、内なる神をめざさず、**イエスやブッダや教祖を拝み、**内なる神の存在を譲り渡してしまったところなのです。**

本当は、誰でも、キリスト教徒でなくても、たとえば私たち日本人でも、まったく宗教に関係なくても、「イエス、私のもとに来て下さい」と言えば来てくれるのです。人間のつくったキリスト教会が専有する存在ではないのです。

「世界の富はヴァチカンにあり」といわれていますね。

これからもっとヴァチカンの闇が暴かれると思います。

その時に衝撃を受けないように心の準備をしていただきたい。

宣教師たちが織田信長や日本の幕府にコンタクトをとったのも、イエズス会の後押しでした。

でも、**「イエスの意識」と「キリスト教会」はまったく分けて考えて下さい。**

「イエスの意識」は本当に神の意識ですが、「キリスト教会」は人間がつくったものなのです。「はっきり分けて考えなさい」とマスター・ラムサは教えてくれました。

地獄の思想も入れていますが、宇宙には地獄は存在しません。

マスター・ラムサは、「あるとすれば、人間の心の中にある」と教えてくれました。

地獄の業火《ごうか》に焼かれるとか、そんな意識は神の世界にありません。

「死」すらないのですから。地獄はキリスト教会がつくったもので、そうやって民衆を脅し、神に還れなくしていったのです。

人間と神との回線を断ち切るしくみ

十字軍の遠征もそうですが、キリスト教徒はさまざまな異宗教や、違う考えの者を大量に殺戮《さつりく》しました。

たとえば、手つかずの自然のままの土地に暮らす異民族。

トナカイの毛皮をかぶっていたり、トランス状態で火のまわりを踊ったりしていると、私たちはいかにも野蛮だと見てしまいますが、彼らはたとえばトナカイの王と会話して、その年にどれだけのトナカイを狩ってよいかをたずねているのです。

彼らは自然界の心を知っている。それは野蛮といえるのでしょうか。

闇に取り込まれたキリスト教徒たちは、異教徒たちも殺害しました。殺さなければならない理由があったのです。

各民族は、固有のダンスや音、自然界の火や水を通して見えざる世界とつながる方法を独自に持っていたからです。

ダークロードは、人間に神に還られては困るのです。

「全体をひとつの支配で統治しなければならない」という欲望をもった異星人や人間から見たら、人間に神との回線の片鱗があるのは困るのです。

だから異教徒たち、ネイティブアメリカンなどの考え方も破壊する必要がありました。

神の回線を切るにはここをこうすればいいというのが、彼らはよくわかっていたのです。人間と神の回線を細くすれば、簡単にマインドコントロールができるのです。

私は父から参謀学を習いましたが、参謀学は「相手（敵）だったらどうするか」という視点で積み上げる学問です。もし片方が何も考えていなければ、無垢な相手なら、思い通りにするのは赤子の手をひねるよりも簡単です。


闇は、魔女狩りも行いました。

魔女狩りでは、とくに助産婦とハーブの使い手が狙われました。

赤ちゃんは天界のエネルギーを保持しているので、高波動な生命体です。

助産婦という立場で命を扱う人間は、高波動にふれる機会が多いので、必然的に神を知ってしまうのです。

生命体のメカニズムというか、出産という感動的なものを扱うことは、否応なしに人を神に還してしまいます。だから昔は、この仕事をしていたのは女性たちだけでした。

次にハーブの使い手が狙われたのは、彼女たちが植物と会話していたからです。この植物はどんな効能があるかといったことも、インスピレーションでわかってしまう。それは自然界のディーバと会話しているということです。

自然界は天使や神々の集まりだから、当然神に近いのです。だから神の心、ハートを大事にしている人間にあたります。自然界に精通しているのです。

そういう存在が邪魔なので、ダークロードは、魔女狩りで相当な人数の女性を処刑しました。推定6万人が犠牲になりました。

キリスト教世界だけでなく、いろいろな世界において女性は貶《おとし》められてきました。それは聖書からも見られます。イブは、無垢なアダムに「禁断のりんご」を食べるようそそのかした女、最悪な女にされていて、それは意図的なものを感じさせます。

男女がいがみ合うようになれば、永久に神に還りません。

私がダークロードだったら、やはりそこに手をつけます。

アトランティスの時代から、トート・ヘルメスは最高位のゴールドの神殿には女性を入れていません。アトランティスで初めて女神官は第一線を去りました。それまで、同格であった神官と女神官に差別が起こりました。

この時に、急勢力の商人たちも女神官を追撃しました。政治の世界は聖なる者たちの手から、お金持ちの手に渡りました。

聖なる統治の仕組から、闇をはらんだ、富を得たい支配者にかわったのです。

それは現代へと引きつがれています。

これは現代も続いている壮大な物語、ドラマです。

神の回線を取り戻す
――真理は物質化できるものではありません

でも、神とつながるのは、実は簡単なことです。

見えざる世界や愛について話す時、たいてい社会的に力を有している男の人が、「じゃあ事実を見せろ」とか「そうはいっても稼がないと」と言って話の腰を折ります。

実はサナンダ・クマラもそうした反対にあっているのです。

論理の世界では、愛はいともたやすく失われてしまう。相手の体験の中に決め手となる真実と愛の体験がない限り、説得するのは難しいものです。

神の真理はインスピレーションで感じるもので、物質化できるものではないからです。

貧しいが独学で数学を学び、天才的な才能を持つラマヌジャンというインド人青年がいました。その彼がある日、極めて優れた直観により定理を発見しました。

彼はそれを「女神が自分の舌に公式を置いていく」と言いました。

その定理は正しかったのに、「証明せよ」といわれて多大なる時間を使い、途中で彼は若くして亡くなってしまいます。

でもそれは、いまだに金字塔として残っています。

この話は、「奇蹟がくれた数式」というタイトルで映画になっています。

折角のインスピレーションの冴えを前進させず、後追いの作業に費やさせる例もあるので、ハートは女性の専売特許ではないけれど、ハートを使ったインスピレーションでテクノロジーを生み出さないと、最初は甘く、終わりは苦い結果になります。

ハートを大事にしないということは、レディ・ガイアを大事にしていないということなので、環境汚染を平然とやってしまいます。現在よりはるかに進んだテクノロジーを持ったアトランティスでさえ、破滅してしまいました。

アトランティスだけでなく、シャンバラやネルなど、あんなに素晴らしい衛星国にさえ公害があったのです。

その轍《てつ》を二度と踏まないように、実体は愛のほうにあり、愛からでないと真の問題解決はできない。そこにもう一度私たちは立ち返る必要があります。

たとえ証明ができなくとも。

「ハートで想い、マインド（第三の目）で焦点をあて、クラウンチャクラで統合し、創造主につなげば全部叶う」という根源的なものに、もう一度立ち返ることが必要です。

新しいテクノロジーは魅力的です。その中に愛はあるのか、地球の生きとし生けるものの存在に害はないのか、世に出す前に再考する必要があります。

女性陣も、テクノロジーに無関心にならず、父親、パートナー、息子の仕事がハートからはずれるようであれば、きちんと、アドバイスをしましょう。

マルクス主義——闘争の歴史、大量虐殺の始まり

闇の支配者は宗教の次に、第2弾としてマルクス主義をつくりました。

キリスト教では世界支配ができないと分かったダークロードは、次に、マルクスを使ってマルクス主義を広めました。これは「主義」などというものではないし、イデオロギーのひとつだと思ったら大間違いです。

先述の通り、地球を支配するには大衆が必要です。大国であればあるほど、ダークロードの食指は動きます。

闇は、大衆がいないと成り立ちません。つねに大衆を変えていきます。

最初にやることは政権乗っ取りです。

乗っ取れない場合は、たくさん不穏分子をつくっておきます。

ＢＬＭ（Black Lives Matter）も黒人の不満を煽動《せんどう》するかのように過激な活動をします。そうして民衆の中に火種をつくる画策をする。民衆が虐《しいた》げられてきたという観念を植えつけて、権力に対抗させるのです。

芸術なども前衛的、退廃的なものを広めて道徳を消していきます。

未来の健全な人が見たら、あきらかに精神を病んでいたり、ドラッグでトリップしている幻想を、我々が芸術と評していると思うことでしょう。伝統を破壊するのです。

レイプや特別な理由がない限り堕胎を安易に認めないようにしないと、性行為は若年層まで広がり、未熟さゆえに身心共に傷を受けることにもなりかねません。

それもひとつの政策なのです。いかにも良いことをやっているようですが、それは、増税のかたちで、結局民衆がツケを払います。

少し前まで「売春」といっていた行為を、今は「援助交際」というのと同じです。以前は、道徳的にいけないものは、わざと汚い名前をつけて民衆を遠ざけました。しかし闇はタブーとされてきたものを外し、巧妙にすり替えて、汚い印象を薄れさせました。そうすると、そうじゃないもののように思えて、そちら側を良しとしてしまう。だから美辞麗句はこわいのです。

「自由・平等・博愛」のスローガンも政府転覆に使われました。見事フランス革命は成功しました。

それはいかにも寛容さを示しているようで、ひとつの政治的意図を誘導しているのです。いかにも進歩的にみせかけて、本当の自由を破壊してしまうことになります。

無知な人間は、美辞麗句でだまされる。そして、約束は反故《ほご》にされます。

歴史をさかのぼれば分かります。倫理観が全く違うのです。

カール・マルクスは、貧しいところから出て民衆の幸せのために尽力したといわれています。でも、調べてみると、マルクスは家政婦をはらませています。

本当に貧しかったら家政婦を雇えるのでしょうか？

私はその思想ができた裏側、その思想を考えた人間の生い立ちに興味があるのですが、マルクスは当初は敬虔《けいけん》なキリスト教徒だったのが、途中から変わっていきます。父親は元の息子に戻ることを願ってやみませんでした。

闘争の歴史、大量虐殺の始まりです。

マルクス主義は神のエッセンスを消すことから始まりました

中国でいえば、老子がアセンデッド・マスターとして道教を開きました。孔子も亡くなってからアセンデッド・マスターになりました。そういう道教の神仙的な意識や、道徳的感覚が、歴史的な建造物などに色濃く残っていました。

闇の策略は、そういう**アセンデッド・マスターが残した息吹をすべて壊すことから始まっています。マルクス主義の常套手段は、神のエッセンスを消すことから始まります。**

それは神に戻さないためなのです。

なぜなら、「神は、〝死んだ人間〟」を拝ませるのです。

マスターたちの息吹が残る場所があると、「昔ここで道徳が論じられていた」という形跡が残ります。老子道徳経など、道徳の教理を示されては都合が悪いのです。

人々が神へ思いを馳せるからです。

世界の遺産ともいえる、文化伝統の破壊を平然とやってしまう裏に何があるのか。

それは、神の回線をなきものにしたいという意図です。

闇の手口は、大なり小なりみな同じです。

スターリンの時代から膨大な無念の涙を飲んだ死者の数は今だに明かされていません。真っ当な人間だったらできるわけがありません。

神の回線の切れた人のマインドコントロールは簡単だということの証明です。

だから美辞麗句、たとえば1960年代にベトナム反戦運動から生まれた「戦争をしないで恋をしよう」のようなスローガンも、言葉としてはとても美しいですが、その裏ではどのような意図があるのか見定めないといけません。

多くの人がその実態を知らずに騙されてきたのです。

中国も闇に目をつけられました。

スターリンもレーニンも、東ヨーロッパもそうでした。

いかにもわかりやすく戦う者たちと、戦わずに間違った思想や生き方を浸透させていく者たち、二手に分かれているのでもっとたちが悪いと思います。

この手口は、かつてルシファーの残党がやったことと同じです。

無垢な大衆を手玉にとるのです。

片方はものすごく上手にカモフラージュをしています。

スターリンのような指導者がいるほうがまだわかりやすいと思います。

もっとたちが悪いのは、弱者側のフリをして、大衆にまぎれ、美辞麗句だけで社会に燎原《りょうげん》の火のように勢いをもって蔓延させていく、美名の裏で人々の魂を腐らせる、闇の意図です。

主義やイデオロギーなどというしろものではなく、神を分断して暴政のもとに人々を奴隷化させる、恐ろしい闇のつくりしシステムなのです。

政府を装った犯罪集団といっても過言ではありません。

中国は毛沢東が出現してから、大きく変わってしまいました。

闇の手口を知ることも、アセンションに向かう、大切な一石となるのです。

「無垢の尊さ」を守るために、「無知」であってはならないのです。

もうひとつの闇の手口、ブレーンジャック（脳の乗っ取り）

闇の手口は読んでしまえば簡単で、神の回線を切ろうとするところにあります。

今も続いている方法としては、**ブレーンジャック（脳の乗っ取り）**というものもあります。

たとえばアメリカ合衆国は良い国でしたが、文化の中心になったので当然狙われました。ケネディ大統領が暗殺された時に、実行犯とされるオズワルドという射撃の名手が、

「殺せ、殺せと声が聞こえた」と語っています。

ダークロードに軍隊はいらないのです。

神の回線が切れているか、細くなっている人間がいればいるほど、入り込むチャンスがあります。彼らの中に入り込めばいいだけなのです。大統領の護衛や、身近な家族などをブレーンジャックすれば、ピンポイント攻撃ができます。

ハートとつながる、神とつながる回線を強くしていることは、ブレーンジャックできないという最強の力を持つことなのです。

自分の内なる神とつながっている人間には、闇は入ることはできないのです。

さまざまな低レベルのものが侵入できないように、私たちは今後も子供の教育にも心を配りましょう。

日本には素敵な行事が四季折りおりにありますので、お正月の松飾りや元日に神と共に召し上る縁起物で整えられた御節料理の御席、節分、桃の節句、端午の節句、クリスマス、子供たちと一緒にしつらえながら、サムシング・グレートの存在を遊びながら教えていきましょう。

ハロウィンは、あまり好ましくありませんね。有害な精霊や魔女は上陸させたくありません。

子供たちが喧嘩をしたり孤独になった時、自分の内なる神に戻るには、ハートに手を置いて、コヒーレントの光（天上界の全領域からくる光）で落ち着きをとり戻すことができる教育法もうまれています。

未来の教育はコヒーレント、光を取り入れた教育になると思います。

シュタイナー教育も大事ですね。

シュタイナーは、残念なことにダークロードに殺されてしまいました。

彼はヒトラーが台頭してくるのをわかっていたので、何度も命を狙われていました。とても立派な大学の聖堂を造ったのですが、竣工式の大講演会で火災を起こされたのです。大聖堂は焼け落ちてしまい、シュタイナーは毒を盛られて、そのまま再起できませんでした。シュタイナーは神を知っていたのです。

現在は、シュタイナーを葬った最後のダークロードも、光の戦士により廃絶されました。この大物ダークロードから言えば、ヒトラーは足元にも及びませんでした。

では身近なブレーンジャックの例をあげましょう。

それはアルコールによって誘発されます。

マスター・ラムサが教えてくれました。

「酒場の入り口を見てごらん、浮遊霊がダニのように君たちを狙っているぞ」と。

浮遊霊は、体は持っていないけれど、お酒を飲みたいので、その人を使って飲ませるのです。目がすわって、人格が変容してしまう人がいるでしょう。その場合は憑依《ひょうい》を疑ってみて下さい。

女性は、赤ちゃんを産むので子宮のプロテクトが重要なので、脳のプロテクトが男性よりも甘く、アルコール中毒になりやすいので気をつけてくださいね。

赤ブドウ酒は神がつくり賜いし物、日本酒も神に捧げるための御神酒《おみき》として高貴なものでした。添加物たっぷりの安酒で、神に還るための大事な脳をアルコールで傷めないで下さい。

アトランティスで生まれ、今日まで続く女神たちの沈黙

こんな体験はありませんか。あなたが、その人のためになると感じるアドバイスを伝えた時、「いいんだよ！　ほうっておいてくれ！」とか、思わぬ反撃にあって、驚いて黙ってしまったことが。一言二言言葉をかわすと、明らかに次元の違いが明白になり、明らかにあなたのほうが正論としても、そこで黙ってしまう――。

「駄目だ、平行線だ。言っても分からない！　次元が違う」

アトランティスのこの時の女神官たちも一緒だったのです。

先述の通り、大昔に起きたことは、現在進行形だということです。

彼女たちには「守るべき地球」があったので、なおさらでした。

その考え方は、自分の考えで統一をめざすトート・ヘルメスを脅かす存在でもあった

ので、最後には、女神官は最高位のゴールドの神殿に入れないようにされました。

ついに、彼女たちは黙しました。

その結果、アトランティスはもっと堕落していきました。

でも、彼女たちは地球を守るためなら、彼らの堕落もしかたないと思ったのです。

男の神官は彼女たちと共に一つのものを守るパートナーでもあるので、最初は大いなる葛藤もありました。

この頃に商人も台頭し、彼らが富による力を持ち始めて、自然界をバックに持つ女神官たちが邪魔だったのです。

聖なる立ち位置からの国の統治が、神官たちと女神官たちをすべて排撃して、そこから商人たちが富の力を背景にのしあがり、現在の政治システムの上院と下院のようなものをつくり始めたのです。

当時商っていたのは、テクノロジーやエネルギーや観念でしたが、それが今は商品に変わってきています。政治の世界に本来の聖なるものが失われて久しいのですが、もうそろそろ、**聖なるシステムへの移行の時が来ているのです。**

アトランティスの頃から生まれた形而上学や哲学は、マインド・第三の目だけで考える、ハートで考えない世界。ということは、マインドだけが独り歩きした結果、痛みとカルマを生みだし、さながら、生き地獄のようになっているのです。

私たちも生き地獄にいて、誰かに悪口を言われたり、まして事実と違っていたりすると傷つきます。心の中で「あの野郎、この野郎」とやっているうちは問題解決しないし、もっと苦しくなります。

でも、ハートに戻すと、「あの人も家に帰れば子供を養うお父さんなんだな」とか「何か誤解があったんだな」と思うと、すべて許せたりしませんか。

あるいは、ボロボロになって、「もうやり尽くした」とすべてを手放した時に救世主が来る、それは、人がハート（神の座）に還った時なのです。

問題解決をいくら頭で考えても、深みにはまるばかり。

真の問題解決は、ハートで考えた時にのみ起こります。

肉体にある神の霊的神経システム14万4000のユニット

サナンダ・クマラの教えは、明快で純粋です。

瞑想とハートの内なる真実が現れてくることでしか得られないものであり、真理を直接体験することが前提でした。

最近、「至福の体験をした」という男性2名にお会いしました。彼らは、「すべてはワンネス」という言葉の意味が分かります。まさに、真理を直接体験していたのです。あきらかにマスターの言う瞳の輝き、言動が違っていて、とても素直にこの世界を幸せにとらえているのです。アセンデッド・マスターたちの存在から学ぶことを、とても喜び、渇望していました。人を選んで「見えざる世界」を語る周到さも身につけていました。

至福の体験のない、言葉の上での説得力のある男性たちとは光が違います。

と同時に、論理をまくしたてる人との次元の違いを、はっきりと見せてくれるのです。

その時、その違いについて見えてきたものがありました。

真理を直接体験する前提とは、**肉体の14万4000ユニットの神の霊的神経システム（サンスクリット語でナディと呼ばれる）が起動し始めることでした。**

「見えざる世界」を理解する前提なるものは、神のイニシエーション（承認されること）なのだということが分かりました。

歴史から学び、未来にそれを活かすことは素晴らしい収穫です。

でもそのことは、ほとんど知られていません。アトランティスではレムリアの古《いにしえ》の歴史はすべて覆い隠されたので、ほのかにレムリアの伝説だけが残ることとなりました。

アカシックレコードからも削除されています。

今回、レムリア・アトランティスの真実の歴史の全容を見せてくれたのは、マスター・マーリンと、その優れたチャネラー・ボブ・フィックスです。心から感謝しています。

土星の最高評議会（この太陽系の中央政府）の決定により、地球の周囲にベールが降ろされ、他の惑星からの存在はビザを持っていない限り、地球への侵入は拒否されました。これは歴史上初のことです。

その目的は、地球の住民を、侵略からではなく、自分自身の無知から保護するためです。

アシュター・コマンド、アシュタールともいわれる総司令官は、地球と地球の人々の発展を守るためにベールの内側、地球上空に残ってくれています。

地球人は自由によその惑星に行けないようになっています。

アセンションできれば、ベールも全部消えて自由に惑星間の行き来ができるようになります。

今回はアセンションがかかっているので、みんなが望めばサポートしてくれます。

「あとは地球だけだから。地球がアセンションしたら天の川銀河全体のアセンションになるんだよ。素晴らしいね」と。それがビッグイベントといわれるゆえんです。

アトランティスから今日まで続く女性の地位の低さ

第2章でも少し書きましたが、大切なことなので、再びお伝えします。

もうひとつ私たちのマインドを分裂させた重要なポイントは、**女性の力、女神官たちの力が排除されたことでした。**

元々、自然界を動かすには、女神官たちの活躍が必要でした。

その女神官たちを切り離して実存を具現化してきたのは、ルシファーに始まり、トート・ヘルメスに代表される男性たちで、それが形になったのがアトランティス帝国でした。そこから女性の地位の低さが始まっているのです。

先述の通り、土星の最高評議会は、サナート・クマラを最初に地球に派遣しました。

その時、第2章にも書いたように、12人の神聖なる女性性観点を含む女神官と、12人の神聖なる男性性観点を含む神官でつくられたのが最高評議会で、最高の権力を持っていました。

その後、闇が入り込んできて、12人のダークロードがアトランティスに加わったことがありましたが、セントラル・サンから来たクリシュナが5人を退治して、残った7人のダークロードが評議会・アトランティスのトップを占めていました。

それまで男女は同格だったのですが、だんだんそれが崩れていきました。

まず、男性の神官が堕落していったのです。

商人が現れて、彼らの欲を刺激し、手玉に取るようになりました。

アトランティスのリーダーである「トート・ヘルメスの考え方を全員に行き渡らせる」という政策がとられ、男性の神官たちはハートでものを考えなくなってきたので、第三の目は知覚に頼るようになり、神の援助は受けられなくなり、当然堕落が加速しました。

でも女神官はずっとハートでものを考えていました。

自然界をつくりあげ、慈しむ心は地球の女神そのもののエネルギーです。

だから商人の誘惑にものらず、いち早く神官の堕落を見抜きました。

ここをトート・ヘルメス、ダークロード商人たちはかぎ分け、自分たちの意向に反する者だと気づいたのです。なぜなら支配や哲学や形而上学でやっていきたい者たちにとって、対極は「神なる思い」であり、それは脅威でした。

当然、アトランティスのリーダーであるトート・ヘルメスにとっても脅威になったのです。女神官は地球を守るために沈黙し、隠遁しました。これ幸いとして、女神官を低い位置に置いて、排除したのです。

女神官には「ヴォルテックス（エネルギー場）を守る」という役割があったので、秘密を守るためにあえて女神官同士のコミュニケーションも断ち、最後には超能力を有するリーダーを避けるために、彼女たちは「忘れる」ということをしたのです。

そういう流れがあるので、今の女性たちは、どんな人でも、自分のインスピレーションで正しいと思ったことを男性に伝えた時に、「すごく頑迷だ」と感じて黙したことが必ずあるはずです。

仕事をしていても、主婦であっても。相手は夫、それ以外のまわりの男性、息子に至るまで。

こちらのほうが本当は正しいのに、確かに神とつながって正しい言葉を導き出しているのに、伝えた時に、頑迷な男の人の壁のようなものにぶちあたって黙してしまう。要するに「言っても無駄だ」と思ってしまった経験のある人は、山ほどいると思います。

母性を有する男性も、同じ気持ちになっていることでしょう。

女神をないがしろにして、地球の存続はありえません

原子力エネルギーは福島の地を使えなくなるほど汚染して、人々を後遺症に泣かせるほど、価値はあったのでしょうか。

テクノロジーも、地球を大切にしていないのも、うなずけますね。

今も「経済のために」という名目で壊しているのです。

「地球は、生きとし生けるものは、どうなるのか」という視点を持たない結果です。

たとえば、専売公社が塩を精製しました。精製していないミネラル豊富な塩なら、人間が塩を欲して食べても、ある程度になると苦くて食べるのをやめます。体が自然に、過剰な塩分が入るのを阻止するのです。

ところが精製塩だと、そのストッパーが利きません。今はスナック菓子でもなんでも、子供たちの食べ物にそれを使っているから際限なく食べ続けてしまうのです。

どちらかというと母親のほうが、「それはよくない」と気づく人が多いのです。子供の体を害するからです。それは私たちがもっている慈しみの心そのものです。

女神をないがしろにして、地球の存続はありえません。

そして女神も、声高に地球の愛を語る必要があるのです。

教育、テクノロジー、エネルギー、食物の中に愛を込めましょう。

地球と人類、生きとし生ける者を守るために、まず身内に伝えることから始めましょう。

情報をとり、それに一喜一憂しないブレない自分軸をつくり、愛ある決断に貢献しましょう。それが本当の女神の復権なのです。

暴力よりも、もっと恐ろしいものは〝善人の沈黙〟なのです。

女神たちは、12光線のヴォルテックスのエリアをいまだに明かさず守っているのです。12のヴォルテックスのうちのひとつは、日本にあります。

確実な線でいうと、当時のアトランティスはマンハッタン上空でした。そこはトート・ヘルメスが最初に降り立った場所で、ヴォルテックスとしてよかったのでしょう。マンハッタンを統治しているのは自由の女神なのです。あの地に自由の女神像が建ったのも、偶然ではないのですね。

他に、オーストラリアのウルル、そしてチチカカ湖の周辺のアンデス、それとヒマラヤです。あとは南極、英国のグラストンベリー、ハワイがあります。

制限をかけるほど、私たちは幸せから遠ざかる

この世界は闇の者どもによって蹂躙《じゅうりん》されてきましたが、巨悪は、クリシュナやサナート・クマラ、大天使、アセンデッド・マスターたちの協力でもう退治されました。

ダークロードは、第二次世界大戦まですべて消滅させられました。

もう巨悪はいないので、これから本当によい世界になります。

そしてエクスカリバーの剣が地球に来ているので、すべてが明らかになります。


人類に対して制限をかける政府はすべて消えていきます。

制限をかけるほど、私たちは奴隷化していくからです。

中国が行っている政策は人々に制限をかける最たるものですが、あれは最後のあがきのように見えます。党にさからうと、自国民であっても粛正の対象にする。

その中に愛はあるのでしょうか？　信頼はあるのでしょうか？

欺まんの中で暮らすことこそ、自己欺まん、自分で自分の心をあざむくことに他ならないのです。中国の人々は、古代のように、「諸家百家」を生みだした徳の高い国に還られますよう祈っております。

制限をかけるほど、私たちは幸せから遠ざかります。

制限というのは、結局、マインドが分裂した哲学やイデオロギーから生まれたもので、それは神が創りしものではないからです。

マインドに頼ることは、知覚に頼ることになり、神の援助は受け取れなくなるのです。

私たちは、「神は善しか創っていない」ということを、もう一度認識することです。

そして神は老いも、眠りも、病も、死も創っていないのです。

これらは全部ルシファーやトート・ヘルメス、ダークロードの影響で、後づけの仕組みを私たちが選択したものです。宇宙の大法則は強制できないので、結局は私たちが選択した結果でしかありません。

「パラダイス」と「生き地獄」を交換してしまったのは、私たちが「分裂したマインド」を選択したということなのです。

そして今、それを元に戻すという最高のタイミングを迎えています。

450万年もこの時を待っていたのです。

アセンションに必要な14万4000人のマスターの存在

イエス・キリストのハイアーセルフであるサナンダ・クマラでさえ、アトランティスのアセンションを失敗したのは、14万4000人のリーダーが欠けていたからです。

マスターさえそろえば、偉大なる大天使やアセンディッド・マスターのサポートで、**アセンションするには、今回も14万4000人のマスターの存在が必須です。**

アセンションはOKなのです。

私たちも、そのひとりになることは不可能ではありません。

我こそはと思う人は、立候補しましょう。45億の人は再び挙手するはずです。

近ごろ、私のまわりに12光線のボルテックスを守っていた女神官が集まってこられるようになりました。清らかな美しい波動を持っていますが、ご本人は気がついていらっしゃらないようで、外見よりも真の魂の輝きがあるのです。

スターヒーリング・インターギャラクテック・エナジーシステムのレベル3では、大天使ラファエルから第三の目に美しいクリスタルを入れていただけるのですが、その色は人によってさまざまで、12光線の中で自分とご縁のあるヴォルテックスの色らしいのです。そうやって、女神の12光線が揃っていくのですね。

サナート・クマラが一度14万4000人を連れてきたことはすでに書きましたが、その後またマスターたちの再編成が、サナンダ・クマラにより行われています。

多くのマスターは地球に降り、そして本来のマスターとしての自分も思い出せなくなっているマスターがいます。

地球のために尽くすことを銀河連邦に誓って各惑星からやってきた、あの45億の精鋭たち。あの中からマスターに昇格した人たちもきっといるだろうし、ライトワーカーとして、きっちり仕事をしている人たちも大勢いることでしょう。

この本を読んでくださったあなたも、そのひとりかもしれませんね。

マスター・マーリンは、ざっと見回して「人類の70％はアセンションできる」と言っていましたが、ちょっと低迷しているようです。

あの時、アトランティスの時代に、本当は5次元に行けたはずなのですが、いまだにもたもたしているので、今回はどうなのかと、多くの宇宙の存在たちが私たちの動向を見守っているのです。

第4章

人は何のために生まれてきたのか
――真理の探求

父からの贈り物——私が受けてきた「魂の教育」

この章では、高次元を探求するまでの私の半生について、そして私の人生に多大な影響を与えた両親、特に父について少し語りたいと思います。

◆見えないものを見る力

私の父は明治生まれで、戦争で九死に一生を得た人です。戦時中に重工業でうなるような大金持ちになりましたが、祖国のために命を落とした戦友たち、愛する者たちを遺して散っていった者たちにかわり、戦災孤児と戦災未亡人のために、全額私有財産を寄付しました。

私はその後で、父がだいぶ年を取ってから生まれた末娘です。

それで父は「この子には持参金を持たせることもおぼつかないから、代わりに教育をする」と言い、自分の意志を継がせようとして、さまざまなことを教えてくれたのです。

たとえば父は、応接室に来客があるとわざと席をはずして、幼い私とお客様とを二人きりにしました。そして、来客が帰った後で、「あの人は説子の前とお父さんの前で態度を変えたか？」とたずねられました。

態度を変える人はいるものでした。父の前ではお世辞を言っていても、いないと無視されたりします。子供心にも分かるのです。

父は「いいか、説子の前とお父さんの前で、態度を変えるような男を信用してはいけないよ」と言うのです。

中には、態度の変わらないおじさんもいました。父のいない時でも話しかけてくれて、「えらいね」と言ってお小遣いをくれるような人もいました。

ある日「お金を貸してほしい」と来た人もいました。その人は、タバコを一服吸っては消して、ギヤマンの灰皿に、への字に曲がった吸い殻がいっぱいになりました。するとと父は、「せっちゃん、こういう人にお金を貸しても返ってこないよ」と言いました。父は年端もいかない子に雰囲気や見えざるものを見る力をつけさせようとしていました。

一度、ものすごいブラックパワーを持った人が来ました。

大柄な男で、横柄な態度で斜めに腰かけて、「それはきれいごとですよねえ」とあざ笑うように言ったのです。部屋中がブラックエネルギーでパンパンになりました。周囲はしらじらとしてきました。幼心にも「お父ちゃん、分が悪い！」と息も止まるほど緊張しました。

すると父はバーンと手の平で机を叩いて「きれいごとをきれいごととしてこなかったから今日《こんにち》の堕落した日本がある！」と語気鋭く言い放ちました。まるで野太い矢が相手の脳を真正面から貫くような語勢でした。

その時私は、その大きな男が、まるで風船がしぼむようにコソコソと小さくなった姿をはっきりと目にしたのです。魂の格負けの姿でした。

その時私は、「真実を口に出す人間を誰も破ることはできない」と小さくても分かったのです。私自身も、30代からは、きれいごとを論じる社内教育講師として自立しました。

年輩の人事担当者に「稲垣先生、それはきれいごとですよね」と言われても、テーブルは叩きませんでしたが、にっこり微笑んで「きれいごとをきれいごととしていかないと、やがて大きなツケを払いますね」と言い、きれいごとを恐れない人間になりました。

◆言葉遣いと友を選ぶこと

我が家はみんな言葉遣いがとてもよかったので、どこへ行っても丁寧な言葉を話していました。でも高校生の時、そのことでいじめられてしまいました。

家に帰って「みんなと同じように話したい」と言ったら、父に「説子、そこに座りなさい」。私が正座をすると、父は神妙な顔つきになり、「良きことをやっているのはどっちだ」と言われました。それが不思議にストンと腑に落ちました。

友人に関して、父はこのように言いました。

「いいか説子、友は選べよ。周囲を見回して自分より優れた者を選びなさい。見当たらなければ自分と同じぐらいの者を選びなさい。

それも見当たらなければ、ひとりでいる強さを身につけよよ」

それから言葉遣いを変えることはありませんでしたし、いじめっ子のボスにも迎合しませんでした。その手下になっていたひ弱な子はボスの目を盗んで「せっちゃん！　好き！」とつげて、大急ぎでボスのもとに戻っていきました。私には小さな援軍がいる気がしていました。卒業後10年位たったクラス会で、ブラックパワーのボスは、苦労した感じがしました。「私、せっちゃんは大嫌いだったけど、あんたのこと尊敬してる」と言われました。その時、ハッとして、父の教えを思い出しました。

◆地震の時にどうするか

小学生の時、授業中に地震がありました。先生に机の下にもぐるように言われて、私はみんなと同じようにもぐりました。

家に帰ったら、父は「せっちゃん、今日学校で地震があったね。逃げる時に説子はあっちのほうが逃げられると思った、でも、先生がこっちにいらっしゃいと言われたら、説子ならどうする？」と聞くのです。私は「先生のほう」と答えました。

すると父は、「いいや、それは違う。説子があっちのほうがいいと思ったら、あっちのほうに行きなさい。それで説子が死んでも、お父さんは泣かないよ」と言いました。

父は18歳の時、関東大震災を体験しています。

ベニア一枚の戸でも、傾けば、大の男でも開けられず、焼け死んでいた姿をたくさん見ているのです。だから少しの揺れがきても「ドアを開けなさい！　窓を開けなさい！　一人一人が通れる路を確保しなさい！」が口ぐせのように耳に残るので、私は必ずその言いつけを今だに実行しています。

関東大震災の時は、大火災がおこりました。上空でひらひら舞っているものが落ちてくると、それはお寺の大きな石の灯籠だったりしたそうです。

大正12年9月1日11時58分に起こったマグニチュード7・9の大災害は、まだ夏の盛りの暑さだったようで、隅田川には、火から逃れた人々の累々とした御遺体が腐り、悪臭が街全体を包んでいたそうです。

人々はなすすべがなく、途方にくれていたそうです。御遺体引きあげに賞金まで付きましたが誰もやろうとしなかったそうです。

その時、屈強な男たちの集団が現れました。全員、ふんどしだけを身につけ、体には墨で黒々と〝南無妙法蓮華経〟と記されているその男たちの集団は、日蓮宗の門徒衆でした。全員が大声で真言を唱えながら、素手で何体も何体も引き上げて下さったそうです。

書かれた経文はまたたく間に汗となって流れ落ちて、周囲の人たちは、ひざまずき、この尊い行為を拝みながら見守ったそうです。我が家は浄土真宗ですが、「日蓮さんは偉いぞ、大したものだ」と父は感銘を受けていました。

◆人類は皆家族

ある時、転校してきた女の子が家に遊びに来ました。

その子はおめかけさんの子と言われていました。父親との縁の薄い子のようでした。

母が留守だったので、父が店屋物のラーメンをとってくれることになり、父は「ゆっくり遊んでおいき」と声をかけました。その子が「いいな、せっちゃん。あんな良いお父さんがいて」と私に言いました。

それを父に伝えると、父はその子に向かってこう言いました。

「昔ね、アフリカの一人の女の人から人類が始まったんだよ。だから君と私は親戚なんだよ、おじさんはうれしいな、君みたいな可愛い子にそう言われて」。

私は横から、「そうよ、そうよ、お父さんと呼べばいいのよ」と言ったのを覚えています。その女の子はまた、転校してしまいました。

それから、いろいろな素晴らしい書物を読んだり、素敵な人物を知る度に、その人はみんな親戚、自分の身内、親族のおじさん、おばさんがいてくれた、と思うと、さらに味わい深い人生になりました。

「人類は皆家族」が心に残ったのは、私のほうでした。

◆戦に勝ってもやってはいけないことがある

仕事で講演活動などをするようになってから、山梨県甲府市で講演をする機会がありました。終わってからスタッフの方々とお食事して、ホームまで送っていただいた時に、こわれそうな標識が目につきました。

「名所　白米伝説」と書いてあります。スタッフの方に「これはもしかすると、悲惨な末路の白米城のことですか?」と聞くと、「さすが稲垣先生、よくご存じですね。今では地元の者も知りません」と言われました。

なぜそれが目にとまったかというと、私は中学の時に源氏物語や平家物語、徳川家康、三国志など全部読んでいて、父と一緒に軍事評定をやる変わった子でした。

ある時、城を落とす時はどうするかという話になり、私は「水を断つ」と言いました。そうしたら、父は一瞬厳しい顔になり、「おまえは、人が水を断たれると、どれだけ苦しいか知っているのか」と言って、白米城の伝説を教えてくれたのです。

山の上に建つ白米城は、何年も籠城できるくらいの豊かな城で、畳の裏には昆布を敷き詰め、米は豊かな蓄えがあったのですが、致命的だったのは城中に井戸を掘っても水が出なかったことです。裏の小川から筧《かけい》を使って水を引くしかなかったのです。

その白米城が敵に攻められた時、白い米で滝をつくって見せ、馬を米で洗ってみせるなどして相手に豊かさをアピールし、和議がもう少しで整うところまでいきました。

ところが、直前に、城中から裏切り者が出ました。

「これを獅子身中《しししんちゅう》の虫という。『この城には水が出ない』と告げられてしまい、和議が撤廃されて戦いになった。残るも死、打って出るも死。その状況は、窮鼠《きゅうそ》猫を噛むぞ」と父は言いました。

「そして双方が甚大な犠牲を出して城が落ちた。戦に勝ってもやってはいけないことがある。それが武士の情けというものだ」。

30代になって、「白米城」の文字に、中学生の時に父に聞いた話を思い出した時、帰りのあずさ号の中で父恋しさで泣きました。

◆一矢報いる

ある晩、男が窓から家の中を物色しているのに父が気づきました。

当時、家には私を含めて娘が4人いました。父が、「5分経って戻らなかったら、すぐ警察に電話するように」と言い置いて、鉄のステッキを持って外に出て行きました。

平和な団欒《だんらん》は一瞬にして不安でいっぱいになり、時がとまったかのように静まり返りました。母は黒電話の前で待機していました。

ほどなく父が戻ってきてほっとした時、みんなに笑顔が戻りました。

4人姉妹のようすはこんなふうでした。

一番上の姉は、鏡台の前に座っていました。つげの櫛の歯をちり紙で包み持ち、とがった先端を外に向けて膝の上に置いていました。3番目の姉は、こたつのポケットに入れてあった鋏を開いてお膳布巾で片側をくるんで持っていました。2番目の姉は、テーブルの上にあった南部鉄の灰皿を、私は持ち重りのする桃の花のクリーム瓶を手に持って、それぞれいつでも攻撃体勢に入れる準備をしていたのです。それは誰も気取られず、密かにそっと動きました。

そして、姉妹4人で大笑いしながら「いやーだ、おっき（大きい）姉ちゃんはそれなの。わたくしはこれよ」と次々に見せあいっこをしてました。

父は満足そうに笑いながら「さすが我が娘たち」と言いました。

武士は、たとえ辱められても、敵わなくても、一矢報いるものです。この時もし泥棒が入っていたら、私の家族に八つ裂きにされていたのではないかと思います。

動物に3回命を救われた父の話

父は、動物に3回命を救われています。動物も救いたいと感じる命だったのでしょう。

1回目は馬でした。

父は騎兵だったので馬に乗っていましたが、これがすごく気の荒い馬でした。馬はひづめから病になるそうで、ひづめを掃除して床を掃いていると、後ろからまたぐらに鼻を入れてひっくり返したり、嚙みついたりするのです。

でも、戦闘が始まると、父は人馬一体となって、一番槍（最初に功名を立てる）という考えで突撃しました。

銃弾は、最初に父のこめかみの横と頰をかすって、それから膝に命中し、父は出血多量で馬上で気絶しました。

普通は、体の大きな馬は一番で前に出ていくと標的にされてしまいます。でも、その馬は誠に運のよい馬で、一弾も被弾せず、主の異変に気づき、きびすを返して、兵舎に戻ってくれたので、父は助かったのです。

その後、傷病兵として父は重工業の仕事に戻り、軍用大型冷蔵庫などの軍需産業に携わっていました。それでさらに大金持ちになりましたが、得たお金をポケットに入れずに、戦友や、戦地に向かい果たせなかった家長にかわり、残された未亡人たちや戦災孤児の子供たちのスポンサーになろうと考えて、我が家が傾くほど全額を寄付したのです。終戦時には、「私の役割は終わった」として事業をたたみ、工場に鍵をかけ、白装束で身を整えて三方（短刀をのせる台）を前に置き、作法にのっとり、切腹しようとしました。

でも、その時私の姉である長女がどこからか入ってきて、父に抱きつきました。「広子、お母さんの所へ行きなさい」といっても首を振り、首にまつわりついてどうしても離れなかったのです。

それで切腹を思いとどまり、「くめ！　死なせてもらえないよ、神社巡りに行こう」と言って、父を慕っている「くめさん」という男の人と四国に旅立ったのです。

くめさんは、数十年前に三角関係のもつれで男性を殺してしまい、山中に逃れて時効になった人で、修験道の人でもありました。

父が何らかの温情をかけたことがきっかけで、父を慕い、まるで陰の用心棒のように私たち家族によくしてくれていたのです。足の爪が全て獣のように内側に巻いていて子供心に奇異な感じがしたことをおぼえています。

父はその人と一緒に四国の金毘羅さんをまわっていたのですが、そこで犬に救われたのが、動物に救われた2回目です。

くめさんは超常現象を見られる人で、人里離れた山の中で、彼が「大将、なんかおかしい」と言った時、月が2つ現れていたのだそうです。

そこで、くめさんが「えいっ」と何度も印を結びました。その時、父の頭上を何物かが飛び越えようとしたので、父はとっさに両手で頭上を守りました。

するとどこからか真っ白い秋田犬のような大きな白い犬が現れて、鋭く吠えながら何かを追いかけて草の中に入っていき、姿を消しました。

前方を見ると、月がひとつ消え、分かれ道が消えた後は、片側が断崖絶壁だったのです。そのまま歩いていたら転落するところでした。

そのとき父はペッカリー（豚革）の手袋をはめていたのですが、右手の手袋にひっかき傷が深くついていたそうです。その右手の手袋だけがどこかへ行ってしまったそうで、片付けた母も不思議がっておりました。

あとの1回は、重工業をやっていた時です。

当時、父は会社の利益を確保するために、入札価格を一番下げて仕事をどんどん取ってきました。200人の従業員たちは創業者の気持ちがわかっているので、夜なべもいとわず頑張ってくれていました。

工場敷地にはコークスや希少金属があったので、訓練されたシェパードの番犬がいました。工場の前には六間道路が走っており、交通量も多いなか、子供がでて行こうとすると、このシェパード犬は洋服をくわえて決して放しませんでした。子供がかんしゃくをおこして、叩いたり、耳をおもいきり引っ張ったりしても、決して放しません。母は子守もまかせられるくらい賢い犬なので重宝していました。

その犬が、父が会社に行くのに迎えの車が来た時、「待て！」と言えばいつもならおとなしく待つのに、その日に限って、何度も指令に従わずすぐ父の足元にまつわりついて、何度もキュンキュンと鼻を鳴らしていました。

あまり言うことをきかないので、父に「つなぎなさい」と言われ、犬は十文字の革ベルトでつながれてしまいました。その後もずっと狂ったように吠え続けて、母はねえや達と「おかしいわね、あんなに吠えるなんて」と言っていたら、少したってピタッと鳴き声が止みました。

なんと、犬は十文字の革ベルトを断ち切って2mの工場の壁を越えて、父の後を追い、バスにはねられてしまったのです。大きく立派な犬でした。でも母は、悲しみながらも内輪のことですからと、父には連絡しませんでした。

その頃、父は胸騒ぎがしたそうです。

「犬があんなふうになるのはおかしい」と思い、ひとつ寄合をキャンセルし早めに帰宅しました。シェパード犬を愛していた父は、戸板にのせられた犬の頭を持ちあげて「おまえは何でそんなに、私の後を追ったんだ」と言った途端、死後十時間以上経過していたのに、犬は父の手の平に鮮血を吐きました。

あとからわかったのですが、父はそのとき、やくざに狙われていて、もし寄合に出ていたら、ピストルで襲われるところだったのです。明治の男には、大きく立派なシェパード犬がよく似合います。

本当の武士道は「雅やかさ」にあります

◆伊達男だった父

父は祇園で磨かれた伊達男でした。

格好よく風采の良い男だったのでモテたのですが、玄人の女性たちの、旦那争いの醜さを見抜きました。外面如菩薩《げめんにょぼさつ》、内心如夜叉《ないしんにょやしゃ》（外見はやさしく穏やかに見えるが、心の中は邪悪で恐ろしい）、人を蹴落としても平気な部分なども見抜くことができた人でした。

「所詮、狐と狸のバカしあい」と言って、純朴な母に一目惚れして大恋愛して結婚したのです。

戦後は、会社であげた利益を全額寄付して、自分の役割は終わったと考えていました。「所詮、この世に客人として来ているんだから、潔く引き上げるとしよう」。

父が遺したものは、手文庫にぎっしり入った戦災未亡人と、戦災孤児からの感謝状と、社長印と社判だけでした。

父は、ずっと、終戦ではなく「敗戦」という言葉を使っていました。

政財界に通じているところもあって、白洲次郎氏のようなイメージでした。子供の頃の私は、中村天風さんは親戚のおじさんだと思っていました。

◆情けは人のためならず

会社の乗っ取りもありました。出征中に工場を任せた人がいたのですが、その人にも赤紙が来てしまい、その間にやられてしまったのです。

負傷して帰ってきたら会社にブローカーが入り込んで、社長室の机に脚を乗せていて、父が「足をおろしたまえ！」と言うと、「もうお宅のものじゃない」と言い放ちました。

事情にうとい母の兄が、印鑑を押してしまったためでした。

すると憲兵がやってきて、「私が担当になった鈴木です。御社の乗っとりを調査するために参りました」と言い、事情を聴いていきました。

何か月か経つと、またその人が来て、「事情を調べましたら、確かに奥様の実の御兄様が素人でわからないままに印鑑を押したことが判明したので、白紙撤回となりましたので、どうぞ安心して操業を続けて下さい」と、一応の業務の伝達が終わった後、「応接室をお借りしてもよろしいでしょうか」と言われ、父と二人きりになりました。

彼は「鈴木三郎をご存じでしょうか」とたずねてきます。

父が「はい、弊社の従業員でしたが、残念ながら戦死致しました」と言うと、「私は実の兄です、その節は過分なお香典をありがとうございました。お陰で家族がそれで身が立ちました。弟の生前から奥様も良い人で夫妻仲も良く、立派な創業者でいらっしゃると聞いていたのでご挨拶にと思っていた矢先、御社の乗っ取りを知って、自分が志願して担当になりました。義理のお兄様が関わっていると判明しましたが、自分の一存で解決させていただきました」

と深々と一礼されました。

情けは人のためならず、巡り巡って己が身のため（人にかけた温情はめぐりめぐって自分にかえってくるもの）なのだとしみじみ思うと話しておりました。

◆泥棒への温情

父のこんな話もあります。一度、家に泥棒が入ったことがありました。父は、剣道の有段者で護身用の鉄のステッキを持っていて、いつも寝室に置いて寝ていました。

夕方から降りだした秋の雨が降りやまない静かな夜、父はカンが鋭いので、泥棒が雨の音に合わせて雨戸を開けているのが分かったのです。そうやって少しずつ開けて男が入ろうとした時にあわせて、父はステッキを相手の胸ぐらに突き出したので、男はもんどりうって背中から泥水の中へ倒れて唖然としていました。

「貴様、なれているな。それだけの器量があるなら自分の人生試してみないか」と言いました。「この先に交番がある。『泥棒！』と叫ぶから、それで逃げおおせたらやり直せ」と言って、泥棒が走り出した姿を見るや「ドロボー‼」と大声で叫びました。

その後何年かして、その男が菓子折りを持ってやってきました。

あの晩、逃げのびて家に帰ると、女房がそのただならぬ様子から、何をしたのかとたずねたそうです。そこで男が正直に打ち明けると「あんた、それは天の声だから、更生しようよ」と言いました。それで、「リヤカー引いてやり直して、1軒店を持ちました。あの時の旦那さんのおかげです」と、お礼を言いに来たのです。

◆父が釣りをやめたわけ

父は釣りが好きでした。

社長職はふだん暇だったので、ある時釣りに行ったら、近くでどんどん釣りあげている男がいたので、何のエサか聞いたけれど、つんとしてそっぽを向かれたそうです。

それで自分で研究してバンバン釣るようになったら、今度は向こうから何のエサをつけているかと問われました。

「この前君は教えてくれなかったじゃないか」と言うと、「すみません、生活がかかっているので」との答えをきいて、「そうか、悪かったな。俺のは道楽よ」とエサを教えて、おまけに自分の釣り道具も全部あげて、プッツリと釣りをやめました。

◆やくざに対して「親分出せ！」

また、戦後まもなく敗戦の混乱の続くなかで、大阪で未亡人たちや子供たちが古着を売っていた頃に、やくざが「みかじめ料をよこせ」と言ってきたことを知り、父がそこへ乗り込んでいったこともありました。

玄関の立派な五葉松の盆栽を叩き割ると、「なんやねん！」とバラバラとドスを抜いて手下が数人現れました。「親分出せ！　いいから親分出せ！」と土足であがっていったそうです。親分はさすがに落ちついていて、肝の据わった男でした。

父は「このうじ虫ども、戦争に行って亡くなった人たちの未亡人の生き血まで吸うつもりか！　もしまたやったら、その素っ首つながっていると思うなよ」と怒鳴り込んだのです。

親分は父の気っ風のよさにほれて、「大将！　お流れ頂戴！」と言い終わらぬうちに「ふざけるな！」と言って立ち去りました。それ以降、女性や子供たちの売る古着に難くせつける男に「兄ちゃん、なんか文句あんのか」とやくざは女、子供の用心棒になってくれたそうです。

◆敗戦の屈辱

進駐軍のジープが来ると、数人のアメリカ兵はバラバラとキャンディを地面にまきました。日本の子供たちがキャンディを拾う姿を彼等は面白がってカメラで撮っていました。

父は、日本の子どもたちが道にばらまかれたキャンディを拾っているのが我慢ならず、通りがかりの男たちは、互いに目くばせで合図を送りあいました。

すべて無言で一気にアメリカ兵に襲いかかり、ものの5分とかからぬうちにアメリカ兵をボコボコにして消え去ったのです。

父にとっても日本の男たちにとっても、地面に食べ物を落として拾わせる行為は敗戦の屈辱もあって、許し難かったのです。

今、武道家がよく武士道を語りますが、**武士道とは、本当は「雅やかさ」であると私は思います。**

文武両道、武士の情け。「戦に勝ってもやってはいけないことがある」ということなのです。それは、ハートで考える男たちがたくさんいてくれたのですね。

戦争の一番の怖さは、相手を人間と思わないことです。虫けらだと思ってしまうことです。

武道の世界では、勝ってもその場で「やったー」と勝ち誇ったりしません。

「今日は自分が勝ったけれど、自分も土俵に沈む時もある、互いによく精進し、正々堂々と戦いましたね」と礼をして去るのは、負けた側の気持ちを忖度《そんたく》しているのです。

それが武士の礼法です。

未来の教えも、各国の宗教的な教えではなく、中立な誰でも納得できる、道徳の「道」になると思います。

５次元以上のそれも、「すべての人の中には内なる神が存在する神の血統である」と分かれば、徳の道に沿った教えになることでしょう。

大正時代の母の話

◆下着泥棒の青年

母からの教えもたくさんあります。

家の近所に3姉妹がいて、いつも外から見える所に下着を一面に並べて干していました。私の家では、シーツや大物の内側や、「外から見えない場所に干しなさい」と言われていたので、そういうことはありませんでした。

ある時下着泥棒がつかまって、おまわりさんがその青年を伴って来ました。

「お宅も娘さんが多いですが、下着、盗まれていませんか？」

見れば、その青年はうなだれて恥ずかしさから下を向き、首筋まで赤く染めています。

母は思い切って「おまわりさん、その人私にあずからせてくれない？」と言いました。

「あなたも覚えがあるでしょう、血気盛んな時に満艦飾《まんかんしょく》のような下着を見たら誰だって出来心で盗みたくなりますよ。まだ若い身空で、窃盗罪だのなんだのと戸籍に書かれたら、この子が一生を棒に振りますよ。

だからこの子をあずからせて。文句ないでしょう。

あなたも、下着が欲しい時はいつでも言いなさい。おばさんのあげるから」

と言って、笑わせていました。

母のその申し出によって、下着泥棒の罪は不問になったのです。

その青年はその後、度々遊びに来ていて、無事成人を迎えました。

それまで母は責任をもって見守っていました。彼はサラリーマンになり、結婚もしました。

それから何年も、菓子折りを持っては家にやってきました。

一人暮らしをする女性にワンポイントアドバイスです。

下着はバスタオルの内側に干し、決して見られぬようにしましょう。男物の下着もカモフラージュでたまに干しましょう。玄関には、わざと男物の靴を置いておきましょう。ストーキングされないためです。

◆イチジク泥棒をした兄が守りたかったもの

ある時、小学生の兄がどこからかイチジクを持ってきたので、母は「お母さん、これ大好き」と言って喜んで食べました。兄はじっとその喜ぶ顔を瞳を輝かせて見ていました。

それから兄のイチジク泥棒がはじまりました。いろんなところから採ってきては、母に渡すようになりました。

母は「これはまだ熟していないわ。これが丁度いいわね。美味しいわ」などと講釈までしているのです。それでとうとうつかまりました。兄はこづき回されても、口を割らず、とうとう近くの交番から小学校につきだされて、名前が知られました。それで、母は呼び出されました。

家に帰ってきて母は、こう言ったのです。

「ごめんなさいね、お母さんのために。でもお母さん、悪いと思ってないの」

私はそれを聞いて、母はどこか遠くの異星人みたいな気がしました。

母は山形出身なのですが、母のお里は、柿がなると、「一番上は鳥のため、真ん中だけ家のもの、一番下は旅人のため」という素晴らしい習俗をもっていたのです。

当時、果物は子供たちにとって貴重な甘味だったのです。だから、よその家の果物を無断で採って食べても、おとがめなしだったのです。

それで、子供が果物を盗ったからと大人が警察に突き出すことに、母は驚いたのです。

父が帰ってきて、兄の行状が伝えられました。兄は何も言いませんでした。

父が、「ここに来て座りなさい」と言うと、兄は父の前に正座しました。

「おまえは、盗みは悪いと知っているな」とたずねると、兄は黙ってうなずきます。

父は、「おまえは我が家の名誉とお母さんを守るために名前を言わなかったんだな。偉かったな」と言いました。

すると、兄が急に号泣しました。それまではこづかれようが何を言われようが顔面蒼白で絶対に何も言わなかったのに、堰を切ったように声をあげて泣いていました。大粒の涙はひざの上にポタポタ落ちていました。兄は当時、小学4年生でした。子供といえども、守りたいものがあるのですね。親は頭ごなしではなく、洞察力を持って子供の状態を察知する感性を磨くといいですね。

子供の叱り方のワンポイントアドバイスです。物を盗まれたケースで、

×「そんな所に置いておくおまえが悪い！」

これではいかに子供といえども納得できないのです。

○「それは盗んだ奴が悪い！　おまえは不注意だったね。これから気をつけなさい」

このような言い方だと、子供も納得します。

古神道の学びへ

そうした家庭環境のもと、父に勧められて読んだ本は、父が武士道の観点から講釈してくれました。

「歴史書を読む心得は、勝った側の論理で書き換えられているので、敗れた側のことも分からなければ、歴史の真実はつかめないよ。

歴史は、過去の遺物ではなくそれを知って、未来の自分の人生に活かすものだ。だから、歴史は未来のものなんだよ。

戦後の君たちが学んだものは歴史書ではなく、事件簿にすぎないね」

あとは「人の信じるもの、いろいろな宗教に敬意を表しなさい」と言われたので、学問として宗教を学びました。

年老いた両親の寛容さと五人姉兄の末っ子に生まれ、愛情をたっぷりもらったので、苦しくて何かを求めたのではなく、魂の呼び声に従うように、精神世界を学問で踏襲していったのです。

すべての宗教に対して中立でした。

排他的ではなく、お釈迦様の原始仏典もイエス・キリストも大好き。教祖と呼ばれる人たちはみんな素晴らしい。「これがよくてこれがダメ」という感覚は、元々なかったのです。

主だったスピリチュアル系の書物も、中学時代からずっと読んできて、全部読み終わってしまいました。

そこでひとつ思ったのは、ヒマラヤ聖者などもみんな不老不死を説いています。でも、ヴァチカンの司教や日本の大僧正はみんな年取っています。それを見て、「あ、この人たちは（悟りを）クリアしていない」と生意気にも思いました。

それが22歳くらいの時です。だからこの地球の学問ではダメだと思いました。

ニューエイジも学びましたが、そこでポジティブシンキングの罠に気づいたのです。自分のエゴを肥大化させるとどうなるか、という参考例にも出会いました。

ある感じのよい男性が、中小企業の社長に見込まれて婿にと言われました。その人はすでに妻帯していたのですが、別れの言葉に「君も学ぶ必要があるよね」と言って妻に三下り半を突き付けたのです。その話を彼の口から聞いた時、自分のエゴに正当な意味づけをしてしまったら、エゴは肥大化し、道からどんどん外れていくことに気がつきました。

個人的には好ましいと思っている男性だったので、私がポジティブシンキングの思想を100％手放しで受け入れられない理由がわかりました。

それで、ニューエイジに危うさを感じて離れたのですが、当時まだ勉強していない分野がありました。古神道です。

それで今度はその道に入り、30代後半から約10年間、古神道を学びました。

私が出会った先生はとても良い先生で、常に正直で教祖づらをした姿は見たこともありません。いつも教師の立ち位置でした。この世の毀誉褒貶《きよほうへん》にいっさいかかわらず、お金もほしいといわれたことがありません。勉強会の参加費は3000円ぐらいでした。

その先生や御弟子さんも能力が高く、謙虚でした。本当に突っ込んだ修行や研究をされていて、とても勉強になりました。

でも私は軟弱な行者なので、赤城大滝で滝行をする時なども、山道を歩いていくのが苦手でした。でも、実際にやってみて驚いたのは、落差50メートルの滝の中で優雅に舞えることです。自然に手が動いて、なめらかで自在に心楽しく舞えるのです。すごい水流の中にいることを忘れてしまいます。

古神道の滝行は、白いはちまき、白い着物、白い袴、白い足袋で入ります。滝場をお掃除して祝詞《のりと》をあげて入るので、ケガをしないのです。

赤城大滝の上は自然湖なので、小石や枝など落ちてきたら生命にかかわりますが、一度も事故を見たことはありませんでした。もちろん、優れた先輩の受けがあるので、安心して入れました。帰りは元気が出て飛ぶように帰って来られます。水による禊の力はすごいと毎回実感しました。

スポーツ感覚とは違うものです。ご神事なので、神聖な感じがします。滝場のお掃除をして、祝詞をあげて、結界を張ってやらせていただくのです。

心愉しく、魂が上昇していく感覚を味わえました。先生と諸先輩の高波動の素晴らしい環境のお陰で、教義のない古神道の学びと、滝行の醍醐味を味わうことができました。

高次元の探求へ

やがて、その古神道から次なるステージがやってきました。

私はさらなる別の道から、高次元の探求を目指したくなったのです。

父みたいな素晴らしい人たちに、もう一度教えを乞《こ》いたかった。いろいろな政治家にも会わせてもらう機会がありましたが、みんな父とは違いました。魂の格が父はとびぬけて高かったのだと実感しました。昭和の人々に、明治の気骨を求めるほうが無理なことなのでしょう。まして、死線を越えた経験をされた人々はいらっしゃいませんでした。

次にインドで、通常は会うことの難しい、大聖者、シュリ・バガヴァンと呼ばれる方とお会いできたこともありました。自己啓発セミナーで有名なアンソニー・ロビンズもこの方のもとで学んだそうです。

前日からこの聖者にお会いするために、インド人の方々は千人ほど野宿していました。

畑のなかに建つ圧倒される巨大な白大理石の宮殿は、寄付で建てられたそうです。規模ではタージマハールよりも大きい白亜の殿堂です。カルキ・バカヴァンとも呼ばれているその人は、懐かしい気持ちがする、とても温かい聖者でした。

普通は30~40人の集団としか会わないし、日本人とはここ10年会っていないそうです。多額な寄付をした訳でもないのに初来訪も私と家人2人だけで、1時間独占面談をさせていただくことができました。

「ありがとうございました」とおじぎをした時に、「私の師ではない」とわかりました。

その時の孤独といったらなかったです。帰りの飛行機の中でも、身のおきどころのない孤独でした。

宇宙中でたったひとりという感じがしました。

でも自分の感覚はだませない。私って本当に傲慢《ごうまん》なんだ、あんなに大勢の人々に福音を与える聖者なのに。その時は蟻よりも自分の存在が小さく感じました。

今、ふり返ると分かるのですが、当時の私には、この世の信念や正義感、形而上学・哲学の分裂したマインドを含むエゴの大きさを叩き割る必要があったのです。

シュリ・バカヴァンでは甘えてしまう自分がいました。私には、マスター・ラムサの荒療治が必要でした。

それを分からせてくれたシュリ・バカヴァンはやはり偉大な師なのでした。

「生徒の準備ができた時、教師は現れる」というのは、本当ですね。

英霊の真実を伝える田形竹尾先生

たったひとり、明治の気骨を感じられる方にお会いしました。

ゼロ戦の教官だった田形竹尾《たがたたけお》先生です。お会いする前には、自分の教え子を片道切符で送りだしているのに、どうして生きていられているのだろうという疑問がありました。

でも本当に素晴らしい方でした。

英霊の真実を伝えるためだけに生きていらしたのです。みんな、田形先生のような教官に送られて良かったと、心から思いました。

私はこの質問をしました。「死んでこいという、特攻隊と特攻兵器の人間魚雷は天下の悪法だと思いますが、田形先生はどう思われますか」

「私も全くそう思いますよ」

この時は薄陽のさす、レストランでお話をしていたのですが、先生は実体がなく半物質のように見えました。手を伸ばしたら体の中に、スウーと入ってしまうようでした。この方は死んでおられる英霊によって生かされているだけだわ、と思いました。

ゼロ戦部隊には「必死隊」と「決死隊」があって、「必死隊」は片道切符なのですが、「決死隊」は生きて帰ることが使命で、生命ある限り何度も出撃します。教官は決死隊です。

田形先生はとても興味深いことを話してくれました。「必死隊」の出撃前夜、彼等はグーグーいびきをかいて眠り、反対に「決死隊」の人々は、安眠できずにいるそうです。出撃の前に水杯を交わす時に中将が激励に来るのです。「必死隊」の隊員たちは左側に整列し、教官は中央の下手側に立ち、右手から登場する中将を待ちます。

左側の若者たちの魂の大きさは、部屋がはち切れんばかりに大きい。すると中将がおいでになった。なんと中将は、兵隊たちの顔も見られず、蚊の鳴くような声で「ご苦労」と言ってそそくさと帰っていきました。

田形先生は、「この魂の大きさの違いは何だろう」と思いました。

片や、国のために戦う兵隊たちは、部屋中に満ちるくらいの魂の大きさです。

それで「魂とは？」と思われて、終戦後、政財界のトップの方々にお会いしたけれど、その答えは得られなかったとのことでした。

ある日、映画「ホタル」が上映されました。私は勇んで、「田形先生、よかったですね。映画が上映されて」と言い終る前に「稲垣さん、私は怒っています。あんなでたらめを書きおって！　あの中に韓国人への洗濯物の差別がでてきたでしょう。私は教官ですよ。そんなことは一切ありません。

例え黒人であろうが白人であろうが、上官のものは、きちんと洗濯するのです。そこに差別はありません。それに、あの男は兵糧隊にいて、特攻のことは何一つ知らないはずだ。私は何度も手紙を書き、会いたいと言っても、何の音沙汰もない」と、いつも紳士な先生が激昂していらっしゃいました。私は、映画の力、映像の力を考えさせられました。事実でなくとも、映像にして多くの人々に見せたほうが優先権をとるのですね。こうして書き換えられたら、それが事実となってしまうのですね。ここで韓国の人々は強制連行ではなく、志願して日本と共に欧米と闘うために大勢いらしていたのです。いまは靖国神社に祭られております。

次は、南京大虐殺記念館についてです。田形先生は、

「南京市民を30万人虐殺したと中国は言っているが、当時南京には30万人もいないのに、どうして殺せるのですか！　私は大虐殺があった日の1週間後に、南京市民とお弁当をつくってお花見しているんですよ。

100人でも人が殺された現場は、遺体処理だけでも惨憺《さんたん》たる現状です。お花見などとのん気なことはできません。

それに一国の福田元首相が揮毫《きごう》してしまったではないですか。それは記念館の展示をすべて認めたことになるのです。この禍根を未来の日本人に背負わせてはならないのです！」

私は戦争を知らないけれど田形先生を信じます。嘘を言う人ではないからです。田形先生が御存命の時、先生は戦争のいろいろなお話を伝えたかったようでした。でも私には、戦争の話も英霊の話も重たかったので、避けておりました。この本をもってお詫びとはなむけの言葉にしたいと思います。肩の荷が下りました。

新たな高次元への道が開かれました——地球の覇王、ラムサに学ぶ

その後は、シアトルの先、マウントレーニアのふもとにあるグレートマスター・ラムサの学校で4年間ぐらい修行しました。

そこにリトリートの場所があったので、日本と行き来しながら学んだのです。そこで、20年間行われていなかったという1か月の強力なセッションも体験しました。

ラムサは、米国の美しい女性、J・Zナイトのチャネリングを通して高次元から教えてくれます。地球の歴史初めての、地球の覇王でした。モンゴルよりも大きい大帝国を

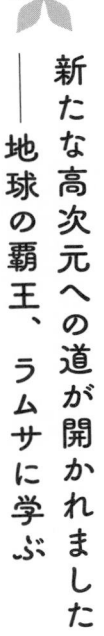

つくり、地球の3分の2を征服したといわれています。

彼はアトランティスとレムリアの混血でした。

違うことは「それは違う」と、心地よいほどバサバサと切ってくれましたし、鼻っ柱もボキボキ折ってくれました。そういう甘くないところがとても有り難いことでした。

ラムサで教わった激烈なC&E呼吸法を、私は4年間1日も欠かさずやりました。

クンダリーニをあげる呼吸です。

出張の時も朝3時〜4時に起きてやっていました。私はやると決めたらちゃんとやる人間で、その姿を見ているので、家人は研究熱心さに敬意を払ってくれています。

当時はずっとラムサで学んでいこうと思っていたのですが、呼吸をしている時に、サナート・クマラに何度も呼ばれるようになりました。

後でわかったのですが、第2章などにも書いたように、サナート・クマラは、今回のアセンションの主力となる存在だったのです。

そして、ついに奇跡の技術、スターヒーリング・インターギャラクティック・エネルギーシステムに出会い、大天使ミカエルとつながれるようになって、新たな高次元への道が開かれていきました。

今は敬愛する高次元のマスターの方々とスターヒーリングをやっています

スターヒーリング・インターギャラクティック・エネルギーシステムは、ケリー・ハンプトン氏が2010年にアメリカで開始したヒーリングです。彼女は、日本ではこれまでに3回ほど講座を開いていますが、私は2回目の講座に参加して、自らスターヒーリングを行えるレベル3の技術を習得した世界初8人の中のひとりです。

スターヒーリングの中で行われるのは、アヌンナキ、ルシファー・サタン、レプテリアン、ドラコニアンによって私たち人間に埋め込まれた、奴隷インプラント、抑制コード、細胞、ＤＮＡに刻まれている記憶、カルマの解除です。

12次元の大天使ミカエルを中心に天使たち、アセンデッド・マスター・アシュタール、プレアデスの光の使者が参加する強力なヒーリングです。

エーテル体のインプラントやコードをはずせる施術は、他にはなかなかないと思います。

世界最新・最重要の、５次元レベルに対応したアセンション用のヒーリングなのです。

エーテル体のインプラントとか、人間に真偽を見えなくさせているＤＮＡも全部解除しますし、７つのチャクラは時代遅れなので、ＴＯＰを外し12チャクラをはじめとする５次元以上に上昇させてくれます。

スターゲートは、多次元や、すべての次元で上昇拡大する光のコードを内包する神聖幾何学模様へとつながるポータルのことです。そして、真実のサファイアゲートが開きます。

私たちのほとんどの人々は、他の惑星から来ています。〝宇宙への旅〟の中に星の故郷を訪れてスターファミリーとのつながりが持てるのです。

他次元に行く時は、神聖幾何学模様が必要になります。

「山、川」という合言葉のようなものです。

それが、スターヒーリングのレベル1では1600個、レベル2では4800個もらえます。これだけの神聖幾何学模様を、今まで人類が見つけることができただろうか？と思う数です。

ヒーリングを行う時、私が関わる割合はわずか30％です。後は、大天使ミカエルを中心に多くの天使たちやアセンデッド・マスターやプレアデスの光の使者たちがやってくれるのです。

高次元の敬愛するマスターたちと一緒に仕事をすることは、私の長年の夢でした。

だけど、叶わないと思っていました。

「みんなの夢は叶っても、私の夢を叶わないだろうな」とずっと思っていたのです。

その、ずっとやりたくて叶わないと思っていた夢が、自分がやらないと決めていたヒーリングによって叶いました。

今まで、魂に傷があるかの如く、「何か違う、居場所がない」という感じがしていました。でも私は今、やっと自分の居場所にいられるという感じがしています。

本を書くことも、私は高次元のマスターと一緒でないと書く意味が感じられないのです。究極の目的はアセンションなので、それに役立つ本しか、今の大切な時期には私には、意味をなさないのです。ですから、この本も大天使ミカエル＆マスター・マーリン監修と書くほうが正解です。

肉体を5次元に変える

スターヒーリングは、アセンションを希望する人のために準備された、肉体を5次元に変容させる施術です。すさまじい奇跡のヒーリングだと思います。

ボディが5次元になるというのは、闇の者どもに埋め込まれたコードなどを全部はず

すからです。

また、どの人も、いわゆる「歪んだマインド」による真実の愛を使わなかった低レベルの周波数が、ライト・ボディに塵のように積もっています。

恐怖は、恐怖の種がまかれて育つのだとわかりました。まかれた種を自ら育ててしまうのです。今世と過去世からの恐怖の雑草は、まるで大きなコブのようになって固まっています。それを徹底的に排除するのです。

終了後はみなさま「軽くなった」と感想を述べられます。

そして、胸の中にはエネルギー的な金の十字架が入ります。

大天使ミカエルから、ゴールデンハローという、天使の絵画に出てくるような頭上に輝く金の輪、時間が経っても消えないそれを、「聖なる贈り物」としていただけるのです。

このヒーリングを受けると、クライアントの人生に、振り幅の個人差はありますが、大きな変化が生じます。

共通点は、人のエネルギーを奪いとるエネルギー・ヴァンパイアみたいな人と距離を置きたくなり、話を合わせられなくなり、会いたくなくなることです。大天使ミカエルからもらったゴールデンハローがあると変な人を寄せつけないので、つきあう層自体が変わるようです。

本当に軽くなって、人生がすごく楽になった人が圧倒的に多いです。

レベル２ぐらいの経験者になると、何も怖いものがなくなった、悩まなくなったと言います。また、真偽を見分けられなくするＤＮＡもカットしてしまうので、真実と嘘、本物と偽物がよくわかるようになるようです。人の嘘もすぐ分かるようになるようですね。

私は、マスターたちに「５次元に行くことを決めた人、あるいはその準備ができている人が来るようにしてね」とお願いしています。

そもそもこのヒーリングは、５次元に行くのをサポートするためにできているからです。

見えない世界への情熱

私は叡智が欲しい。見えない世界への情熱は衰えることはありません。

その思いはずっと昔からあるので、それに対してすごく勤勉というか、忠実に勉強を重ね修行もやってきたと思います。

スターヒーリングの創始者であるケリーが来日した時、本当はヒーリングはやりたくなかったのです。元々医者になりたかったのですが、父親の「人の生き死にに関わってほしくない」という意向もあったし、教育の道を進んだのです。

その後、東洋医学には興味深いものを感じたので、鍼灸の国家ライセンスを取りました。でも残念ながら、魂についてや、カルマなどの見えざる世界の知識がなければ、パーフェクトに病を治せないと知りました。

ただ、東洋医学のいろいろな人の診立ては、その後の人間力のセミナー、企業内の講師の仕事にはとても役に立ちました。

そのうちに、12次元の大天使ミカエルがヒーリングをやるという情報が入ったので、「この知識が欲しい」と思いました。

でも、やるつもりもないヒーリングのセッションなので、良心のとがめを感じていたのです。それで、「ヒーリングはやりたくないけど、この知識はほしいのですが」とハイヤーセルフに問いかけました。

そうしたら大天使メタトロンが来て、「病が治せたら、すべてのものが治せると思えないか！」と一喝されました。後頭部にゴンとくるぐらい、男性口調で強く来ました。

そのとき大天使メタトロンのワークをやっていたので、メタトロンから示唆されたと思い、このヒーリングを受けることにしました。

創始者であるケリーにヒーリングを受けると、それは本当に奇跡のヒーリング、今までの蓄積してきたすべての知識が整合化され、マトリックスができました。組み立てられた真意が分かりました。人間の肉体そのものを5次元に変容させる素晴らしいものでした。「アセンデッド（次元上昇した）マスターになるヒーリングだ」と直観したのです。

私自身がそれになりたかったから、忠実にいろいろ勉強していましたが、次のステージにあがる時が来ていました。

その時に、このスターヒーリングに可能性を見たのです。

その可能性の偉大さに気づき、自分の親しい人に声をかけてヒーリングすると、自分の霊格も上がることが分かりました。

そして、自分がヒーリングしたクライアントの人たちのその後の成長を見た時に、ますます可能性の豊かさを体感していったのです。

「今までも、これからもずっと愛している」——スターファミリーの限りなく深い愛

スターヒーリングでは、その人とスターファミリーが再会するシーンも垣間見ること

になりました。

クライアントの方たちは、おもにプレアデス星とアルクトゥールス星の来訪者が、口コミのせいもあって多いです。なかには確実なライトワーカーの存在もおられました。

実際にクライアントはぐっすり寝てしまっているのですが、バイロケーションでハイヤーセルフがスターファミリーを訪れる姿を、私はシルエットで見ることになりました。

お迎えするスターファミリーの愛の偉大さ。それがひとりやふたりではないのです。十重《とえ》二十重《はたえ》とまわりに連なっている。

彼らが、この地球で生きるその人を地球に送りだした時から、どれほどの愛をもってずっと愛し続けていたかを見ると、私が感動してもらい泣きしてしまいます。

その人への愛の深さは、計りしれないものがあります。

あの姿を見ることができたら、おそらく誰も自殺しないと思います。自分がこんなに愛されているんだと分かるからです。

それはこの世のファミリーとは違います。この世のファミリーはいわゆるプロジェクトチームなので、根本的に違うのです。

スターファミリーの愛は１００％の愛というか、疑念を挟む余地のないものです。５次元以上の素晴らしさを垣間見せられます。もちろん本人にも魂のレベルではそれが分かります。

スターファミリーは、私を通してメッセージも送ってきます。

高次元の方々は、本当はライトランゲージ（光の言語）なのですが、日本語を使う私に、長老はわざと「〇〇じゃ」とか、長老らしい言い方をしたり、父親はもっと若々しく力強くメッセージを、母もどれだけの慈しみだろうかというくらい温かいメッセージをくれます。

理想の母や父であることが感じられ、父母だけでなくとり囲んでいる人々全体が、大きな愛を贈り続けているのです。その人に対する深い愛が感じられます。

クライアントがスターファミリーから最後にもらう言葉は、一貫して**「今までも、そしてこれからもずっと愛しているよ」**という言葉です。

私はあなたに伝えたいのです。

孤独や絶望の中にいようとも、あなたを深く愛している多くの人々がいらっしゃるのですよ。どしゃぶりの雨でも、雲の上はいつも青空です。

思いとどまってね。これから始まる宇宙のビッグイベントを見逃さないで！

そのことから、やっぱりみんなは地球人ではないんだなと認識させられました。

星のパーソナリティーみたいなものも伝わってきます。プレアデスは優しい人が多いです。本当に無垢な人が多いです。

アルクトゥールスはとても聡明な人が多い。オリオンは一風変わったというか、クセがある感じ。頭は良いけどちょっと強くて、一人でも大丈夫な感じの人という印象です。

私の場合、口コミで依頼をお受けしているので、類は友を呼ぶという感じで、出身星が限定されるのだと思います。

名も知らぬ星の名前を言われたこともありますが、記憶できませんでした。

私自身はアンドロメダから来ています。お隣りの銀河から今回のイベントを見に、わざわざここに来ているので、よっぽどのお祭り野郎ですね。

あなたを応援している高次元のマスターや大天使たち

私がレベル3のヒーリングを受けた時、ヴィシュヌの神からは、左足の裏に「学問」を、ガネーシャの神からは、右足に「智恵」の御紋をいただきました。

大天使ラファエルからは第三の目に情熱の「赤いクリスタル」をもらいました。これはアップデートするそうです。

その時に、マスター・マーリンが大天使ミカエルに、「説子に〝セラフィムの翼〟をあげたらどうかな」とアドバイスしてくれて、ミカエルが「それはいいね、すぐやろう」ということで、いただくことができました。女神ニーナからは、真偽を見分けるオレンジ色のオイルを目の周りにぬってもらいました。

その時の私は、ヴィシュヌの神もガネーシャの神もマスター・マーリンも、自分のワークには登場しない人たちだったので、とても意外でした。

それで分かったのは、**自分が意図しない高次元のマスターたちも、私たちをサポートしてくれているということです。**どの人もみんなそうです。

ということは、あなたが意識していなくても、ご縁のあるマスターが、過去世においてもさまざまなマスターたちがあなたを応援しているといえるのです。

一人で格闘せず、高次元の大天使やマスターに頼みなさい。そうすれば、アセンションは必ずうまくいくよと言いたいのです。

このスターヒーリング・インターギャラクテック・エネルギーシステムは、大天使ミカエルが旗振りしてできたものです。

すべてのアセンデッド・マスターやサナンダ・クマラ、100万の光の存在が集うチャネリングメッセージ、レディ・ガイアも、ヒーリングの間ずっと支え続けてくれています。

大天使ミカエルはじめ、誰もが最後にはレディ・ガイアを称賛しています。

それは、地球をないがしろにしては、すべて成り立たないということでもあります。

私たち女性陣には、「地球こそ、生命の基盤です」と、声を大にして男性に伝えていく責務があると思います。


スターヒーリングを受ける人も、圧倒的に女性が多いのです。

やはり、女神が力をつけることが大事だと思うし、**女神の力は地球と自然界が強力にバックアップしている**ことを、さらに認識すべきでしょう。

そしてテクノロジーやこれから起こることに、自然のエネルギーという息吹を吹き込むのは、女神の仕事です。

社会の実権を握る男性たちの分裂したマインドによる意志決定がなされようとした時、夫や息子や上司たちがいわゆるハートからはずれたものをつくろうとした時に「それは違いますよ」とアドバイスする位置にいるのは、女神たちだと思います。

また、もっと力をつけて、「それは違います、地球をないがしろにしてすべての物事は立ち行かない」と、たとえ意見が採られなくても言っていくことが私たちの現在の役割だと思います。

その役割ができなくなったのがアトランティスで、女神の地位は第二レベルに落とされましたが、いつまでもそのままでいてはいけませんね。

アトランティス以降失われた、愛による同等の男性との権利を復権させる時でもあるのです。

5次元に行く時はクリスタルボディになる

5次元に行く時に、私たちはケイ素主体のクリスタルボディになります。

まず今の肉体があって、肉体の次がクリスタルボディ、クリスタルボディの次が神のスパークであるライトボディです。

マスター・マーリンは、ハートクリスタルのことも教えてくれました。

人間だけでなく、天使やディーバも誰もが、エネルギー体として、胸にハート型のク

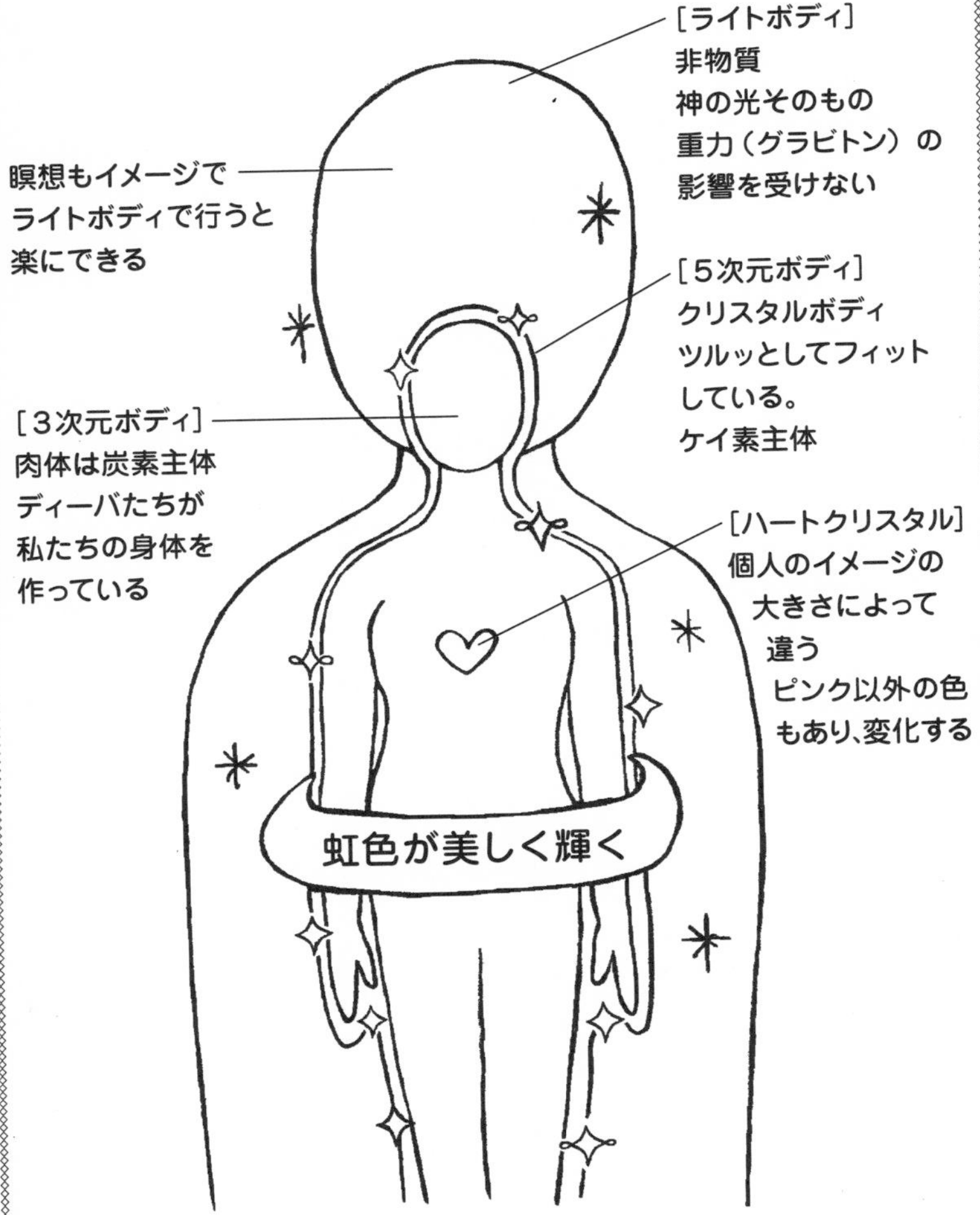

[ライトボディ]
非物質
神の光そのもの
重力（グラビトン）の
影響を受けない
瞑想もイメージで
ライトボディで行うと
楽にできる
[5次元ボディ]
クリスタルボディ
ツルッとしてフィット
している。
ケイ素主体
[3次元ボディ]
肉体は炭素主体
ディーバたちが
私たちの身体を
作っている
[ハートクリスタル]
個人のイメージの
大きさによって
違う
ピンク以外の色
もあり、変化する
虹色が美しく輝く

リスタルを持っています。胸のことをハートというのは、そのクリスタルのことを指しています。

ハート・クリスタルは聖なるパワーのすべてです。

このパワーをどう使ったか、その結果の状況まですべて記憶されています。ライトワーカーのハートクリスタルは最高評議会とつながっていて、最高評議会は「世界の善」とつながっているのです。

ハートクリスタルは、神聖な目的や霊的パワーを明らかにする準備を整えて待っているのです。ハートクリスタルの色は赤やピンクということではありません。透明やピンクがかっていたり、緑であったり、人それぞれです。

場所はみぞおちの上部です。ハートチャクラは、頭頂を貫き、下は第1チャクラにつながります。このつながりがなくなると、愛せなくなり、孤独になります。

ヒーリングの中でも、たくさんクリスタルを使います。

私たちの中の生きているクリスタルの使い方を、今後私たちは知ることになるのでしょう。

クリスタルには、マインドの書き換え、記憶の書き換えの機能があります。

それを利用して、ダークロードは反対分子のマインドを書き換えてしまったり、ダークリスタルの牢獄に閉じ込めたりしていたのです。

思考をコントロールできるということは、クリスタルが、霊的な神経システムに情報を伝達できるということ。**肉体にある14万4000のユニットの神の霊的神経システムを活性化されると、炭素系の3次元の肉体は、ケイ素系のクリスタルボディへと変容していきます。**

「108の煩悩」ではなく、本当は「108の聖なるマントラ」です

ヒーリングでクリスタルを使う時は、最初に浄化を行います。

それには音を使います。

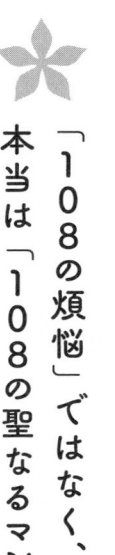

実は、女神官が守っている12光線の一つひとつに、チャンティング（マントラを唱えること、詠唱）があるのです。

したがって、未来のヒーリングでは音を使います。

そして各グリッド（網目状の周波数領域）で使う音が違う、つまり周波数が違います。スターヒーリングの時も、ここではチューニングフォーク（音叉）を使いますが、レベルが進むごとに使う音を変えていくのです。

私たちは「１０８の煩悩」と言いますが、実は**１０８人の優秀なマスターのことです。**煩悩ではなく、煩悩を消滅させるために梵鐘を使うように、本来は聖なるマントラが存在していて、その数が１０８ということです。

しかも、１０８のマスターたちは、最も汚れなきマスターで構成されていた人たちだったのです。

そのマントラは、まだ表には出されていないと思います。

これからチャネリングなどで地球の優秀なマスターによって、この情報が現されてライトワーカーが支えることになっていくことでしょう。12光線にそれぞれ対応するマントラ、あるいはチャンティングがわかったら、人類はさらに進化するための謎を解いていくことになります。

これからガンマ波が大事になるともいわれています。

今、ガンマ波がグレート・セントラル・サンから地球に届いているのです。

こういうことがつながってくると、「なるほど、人の体を5次元に変えるとはそういうことか」とわかってくるのです。外にでて、太陽経由で届けられるグレート・セントラル・サンからのガンマ波を、無料でたくさん受けとりましょう。

ハートクリスタルは、グレート・セントラル・サンと同じエネルギーを宿しています。

ボディが5次元になると、宇宙を変えられる！

5次元に行くのは、すごく素晴らしいことです。

5次元は、幽界の上にある世界です。

5次元には、闇は入ることはできません。

そこへ行けばカルマや病は一気になくなり、闇や恐れもなくなります。

集合意識さえそちらに変われば、全員がパッと一瞬でそこに行けるのです。

だから大天使ミカエルは、私たちが5次元に行くのを早めたいのです。

それによって、天使やディーバの王国、動物界、植物界の自然界がカルマのクモの糸から解放され、澄んだ大気、美味しい水、瑞々しい息吹の到来となり、そして、地球自身、レディ・ガイアは5次元へと上昇します。

そして、天の川銀河全体のアセンションがなされ、天の川銀河も多くの制限から大きく解放されます。

「やっと、長い長い旅が終わったね」ということになるのです。

第5章

これから本番のアセンションが始まります

アセンションが遅れる人とは？

マインドが分裂したほうを選択すると、神のハート、神の座から外れるので、人は孤独になります。

孤独になると、やっぱり人と関わりたくなり、協調したくなります。

だから人の言いなりになったり、何でも合わせてしまうのです。

ひとりで「私はこの道を行く！」と言えないのです。

私がわかったのは、「武士の情けとは、ハートで考える男たち」だったのです。

日本では、今は合成肥料ですが、昔は肥溜めの中にも女性の経血がたくさん入っていました。それがまかれた野菜を食べると、男性性が抑えられて女性性と統合されます。

だから「有事の時は西洋の人々が恐れるほどの力を発揮するけれど、普段は優しい」という男たちの存在が自然にできあがりました。

女性をはずしてアセンションはないのです。

その女性も、「依存」している限り、アセンションは見えないと思います。

先述の通り、肉体の中にある神の霊的神経システムは、14万4000のユニットがあります。それぞれ男性性と女性性の統合したユニットとして統合されているのです。「統合が大事」といわれているのは、ユニット自身が統合されているからなのです。

パラダイスに帰るのに、統合しないものを全部置いていこう、神から分離したものはいらないから全部捨てていこう、手放していこうということです。

だけど孤独の中にいた女たちは、生活力がなければ誰かに依存せざるを得なくなります。乳飲み子や年端のいかない幼子を育てている間は、経済的な援助は必要となります。

これは当然のことです。ここで話す「自立」とは、「心の持ち方」でお金のことからは離れて下さいね。大金持ちでも、貧しくとも、「自立」に関係はないのです。

自分をあまりにも見失ってしまうと、分離したマインド側に入ってしまうからです。

それは、ますます依存度を高めます。

自分の内側と正直に向き合う時間をとりましょう。

もっと自分自身をいたわり、幸福の道を追求しましょう。

お金のために魂を売ると、金銭では割りに合わない、手酷いしっぺ返しに合ってしまうからです。それをきっかけに、自分を愛せなくなるからです。

でも心配はいりません。

私たちは神の子なので、魂には傷ひとつついていないのです。

でも、同じ石で二度つまずくことはやめましょうね。

サナンダ・クマラの理論はとてもシンプルです。

「内なる神に向き合いなさい」というだけです。

なぜみなそれができないかというと、まず第三の目、マインドが分離した理論を選択しているからです。

「それは愛だから」と言ったりすると、「それはきれいごとだよね」とマインドに言われてしまうし、周囲の多くの人々も曇ったマインドを選択している人々が6割以上存在していたので、からかわれたりしてしまうことでしょう。

その時に、あなたは自分が集めた友人の顔を見ることになります。

「そうだね、それは大切だよね」という人がいたら、貴重な友人です。大切になさったほうがよろしいですね。

朱に染まれば朱になるのです。

あなたはどちらの選択をしますか?


瞑想とハートの内なる真実が現れてくることでしか得られないものであり、「そうだ！」という真理の直接体感がないと、理解できないのです。

自分軸が弱いと説得されてぐらつき、ズレた方向に行ってしまいます。

ハート⬇マインド⬇クラウンチャクラで統合して、神・創造主と一直線になった時、天使やディーバの力で現実化し、願いは叶うのです。

アセンションが遠ざかる「獣言葉」について

私は日本文化の講座を持っていて、若い人たちにも伝えていますが、「この人なら、もっと深掘りできる考え方ができるはずなのにおかしいな」と思うことがあります。

なぜだろうと観察すると、現代の若者言葉に原因があることが分かります。

言葉にも周波数というものがあるのです。

自分の脳が起きている間、どのような周波数でバイブレートさせているか、考えたことはありますか？

とくに日本語は1万年以上の歴史があるので、周波数が高く、神代《かみよ》の頃から使っているので、いわば危険物取扱注意言語なのです。

オードリー・ヘプバーン主演の名作映画「マイ・フェア・レディ」のなかに、発音からルーツを探る場面がでてくるのですが、インド・ヨーロッパ語はサンスクリットを含めて、ひとつのグループなのです。歴史的には６０００～７０００年の新興言語といえます。

「日本語の祖語は中国語」と思っている方も多いですが、実は違います。

祖語はどこにも仲間はおらず、日本にしかないのです。

日本はどこの国とも違います。神が幸《さきわ》ふ、神代の頃から使っている言語を今だに使っている〝稀有《けう》な国〟なのです。

だから、言霊《ことだま》といわれるように周波数がとても高いのです。

「獣言葉」を使うと、あっという間に堕落するし、「神の言葉」を使うと、あっという間に霊格までも上げてくれます。

海外に行くと、奇妙なイントネーションの英語を話すアジア人を見かけますね。

それは、悲しい民族の歴史の傷跡です。

アジアはことごとく植民地化され、英語教育がなされ、母国語を取られました。あの奇妙なイントネーションは母国語の名残《なごり》なのです。民族が本当に滅亡するのは土地をとられた時ではなくて、母国語を取られた時なのです。

幸いなことに、日本人は植民地化されなかったので、自分たちの母言語を使っていられます。それでも時代によって言葉は変わっていきますが、「言の葉乱れて国乱るる」といわれるように、ここまで変わってしまうと、やはり軌道修正する必要もありますね。

なぜかというと、**低周波数をまとっていると、真実に至ることができないようにされるからです。**

言葉の周波数は本当に大切です。

どの周波数で自分の脳を浸すかは、次世代の子供たちにも影響する大事なことであるということを、日本文化の講座でもお話ししています。

クラシック奏者がドラッグでつかまったという話は聞いたことがないですね。チャイコフスキーやモーツァルトは、天上界からチャネリングして曲を書いています。

そういう音楽を聴くと、脳の中にきれいな神聖幾何学模様のホログラフィックができますが、ハードな音楽ではそれができません。

そうするとやはり、神から分離するのです。

自分の身のまわりの周波数、音にしろ言葉遣いにしろ、言葉遣いをきれいにしたほうがいいというのはテクニックの問題などではありません。私たちが神の子としてふさわしい人生のＶＩＰ席を手にするようなものなのです。

周波数が高い言葉を使うのは、「神の言葉」を使っていることです。「獣言葉」を使うと、相手の獣性を引き出すので、常に争うことになります。そればかりではなく、自分の獣性も引き出すことになるのです。

人間言葉は人間を引き出し、どちらにもなびく、ヤジロベエです。神にもなれば、獣にもなります。**「神の言葉」は神を引き出せるのです。**

いっそのこと、獣言葉の時は毛むくじゃらで黄色い歯がむき出しになり、猫背になると、分かりやすいですね。治すこともできますね。でも周波数的に見るとまさに、そういうことなので、徐々に獣化します。

アセンションしない人はどうなるのか？

アセンションしないことを選んだ人はどうなるのか。

これは誰もが気になる点だと思います。

結論から言うと、そうした人たちは別の惑星に行って、これまでと同じような人生を繰り返すことになります。

宇宙は慈悲でできあがっています。

「あなたの考え方を大事にします、だけど地球はもう5次元に行ってしまうから、地球ではない別の惑星に行って、同じことを体験して下さい」と。

その惑星の次のサイクル、**2万6000年後に再びアセンションの機会が巡ってくるまでは、そのまま同じことを繰り返していくでしょう。**

マスター・マーリンは、「今回、70％の地球人がアセンションするだろう」と言っています。でも、こうも言っています。

「君たちといえども、まだアセンションに成功したわけじゃないから、まだ森の中を歩いているのだから、油断しないように。最後の一歩が一番大変なのだよ」

熾《し》天使、大天使、アセンデッド・マスター、地球（レディ・ガイア）の力を借りる

私も、魂の呼ぶ声に従い、コツコツ積みあげてきました。でも、それだけでは道は遠いのです。

なぜなら、人類を奴隷にするためのコードやインプラント、ＤＮＡ操作などをボディに埋め込まれていることを自覚できないからです。

その状態で自力でそれに立ち向かえるでしょうか？

他にも、今世の自分自身に至るまでの真実の歴史の情報公開があまりされていないのも問題です。山のように蓄積し、自分の感情にも日々悪影響を与え続けている先祖のカルマの解放、正義感を含め、正しいと信じている分離したマインドのあぶり出し、肉体

の14万4000ユニットの神の霊的エネルギーシステムの活性化、夢が実現するまでの脳の機能、ハートの機能の使い方と現実化、しっくり来てワクワクする使命や仕事、豊かさへの希求、単純に不安や恐怖のない、属性のない人生など、数えあげたらきりのないことです。

アセンションは、ひとりでやっても勝ち目はありません。

やろうとしても、すぐに足元をすくわれてしまいます。

では、どうしたらいいかというと、自分の内なる神、ハイヤーセルフを基盤として大天使、セラフィムなどのいわゆる熾天使、アセンデッド・マスター、地球（レディ・ガイア）、プレアデスの光の使者にサポートをお願いしたらいいのに、ということなのです。

人間は本来、邪魔なインプラントや先祖のカルマなどが付いていなければ、明るくて、朗らかで陽気な好人物です。暗い人やうつの人など、一人もおりません。

今回のアセンションも、結論としては、そうやって彼らを総動員してサポートしていただいて「邪魔なものは取ってもらう」のがベストです。

膨大な数のマスターたちが、あなたの依頼を今や遅しと待っているのです。

本人の願いや意志がないと、手が出せないという宇宙の大法則があります。

だから、あなたが「力を貸して」と言わないとだめなのです。

取ってもらうものは何かというと、**「創造主へつながるマインド以外の分離したすべての自分の思い」**です。


昔は神と一つだったマインドに、後から入ってしまったいろいろな哲学、形而上学、理論、人を見下す意識、被害者意識、罪悪感に無価値感、そうしたものを全部取って下さいとお願いすればいいのです。

お願いすることをすっかり忘れていたり、「願ってはいけない」とか「私ごときが」とか、そんなつまらないことを思っている場合ではありません。

あなたはそもそも神の素材でできているし、神の能力ももらっています。

それに大昔はいつも天使やディーバにお願いして具現化していたのですから、遠慮せずにサポートしていただくことです。

あなたにとって不要なものを外してもらう方法

やり方は簡単です。

ひとり静かにすわって、呼吸を整えて、顎を少し引き、両肩の力を抜いて背中を自然にまっすぐにします。

そして足を床につけて、神に向かい「すべては一つ」という意識をして下さい。

自分の呼びたい存在、たとえばセラフィムやマスターの名前をお呼びします。

知らなければ、あなたの内なる神、ハイヤーセルフにしましょう。

そして、「自分がいらないものを取って下さい」と頼むのです。


「大天使ミカエル、あなたの深いブルーの光でプロテクトして下さい。

私をプロテクトして下さい。

私のハイヤーセルフ、ハートで想い、マインドに焦点をあて、クラウンチャクラで統合、そして神につながる。

この道が神の道なんですね。分かりました。

じゃあ邪魔なものを全部取って下さい。

神の光に包まれて、愛に包まれて」

とお願いしてもいいですね。

「大天使ミカエル、あなたの深いブルーの光でプロテクトして下さい。

大天使ラファエル、私のもとへ来てください。

私は今、とても疲れています。どうぞ、楽にして下さい。

神の光に包まれて、愛に包まれて」

そして、エメラルドグリーンの光に全身を包んで、ゆっくり呼吸をして下さい。

これでいいなと感じたら、「大天使ミカエル、大天使ラファエル、ありがとうございました」と御礼を言って下さい。

これで終わりです。お昼の休憩時間や夜、眠る前でもいいですね。

誰何《すいか》の法則

私たちは神の子なので、何でも呼びよせてしまうことができます。低レベルの輩《やから》や動物の姿をまとった邪霊も、神になりすまして、神を名のり入って来ることがあります。アストラル（感情）界の存在は、誰もアセンションしていませんので、気をつけましょうね。支配的であったり、脅したりする時は要注意です。

「神と聖なる至高の存在の名のもとに、あなたは○○○○ですか？」

3度にわたり何者であるかを問うたなら、正体を現すか立ち去らなければならない法則があります。何かが怪しいと思ったら使って下さい。

あのサナンダ・クマラも、彼の説いたシンプルな真理は、分裂したマインドを持つ多くの人々の抵抗に阻《はば》まれ、苦戦しました。

サナンダでも手を焼いたのに、一般の私たちが、あの頑迷さと戦うのはどう考えても得策ではありません。

昔の私たちは、自分が思ったことに集中し、統合するだけで、天使たちが喜んでそれを実現してくれました。それをとっくに忘れてしまって、ままならない現実でストレスを抱えている人が、なんと多いことでしょうか。

「ハート、マインド、クラウンチャクラをもとに戻してごらんなさい」と伝えたいのです。

ズレを直して一直線につなげたら、神は養ってくれます。

見えざる世界を語るスピリチュアルリーダーを見分ける一つの目安は、「お金に困っていない」という視点です。

ハートで生きたら、豊かさは来るのです。

スピリチュアルな人は、元来お金に燃えないので無理もないのですが、お金に不自由している人は、不要なものを外せずにいるのかも知れません。

アセンションは最終局面に入りました

アセンションは神の計画の一部であって、今日《こんにち》、地球がアセンションするのに必要なのは、光線のエネルギーが与えられることです。

その光には、サナンダ・クマラやサナート・クマラが決めた順序があります。

まず最初は、エレクトリックブルーで始まり、次は叡智のゴールド、次が愛と平和のピンク、ヒーリングのエメラルド、イニシエーションのクリスタル、献身のローズ、そしてアセンションのヴァイオレットの光線で締めくくられるようになっています。

その光は2000年ごとに来ていましたが、1987年からは1年ごとに来ていて、今はヴァイオレットの光が来ています。

ヴァイオレット光線が来ているということは、まさにアセンションの最終局面に入っているということです。

アセンションの前に「覚醒するか」「覚醒しないか」を決める「覚醒の期限」は存在しています。

それを決めるのはあなたの魂です。

やはりシステムの完了というものがあります。時のサイクルの終焉があるのです。

今、時間が加速していることは、誰しもが感じているのではないでしょうか。

実際に時は圧縮され、速まっているのです。

それは新しい局面に入ったということです。

アセンションに向かう「時は今」なのです。

今回のアセンションは西暦２０００年が一応めどになっていて、２０１２年で３次元は終了し、**この先20年間は5次元への移行期間となります。**

宇宙にとっては数百万年の月日も微々たるものなので、ズレてもあまり問題はないですが、もうそれほどに悠長にしていられる時期でもありません。

地球にはベールが下ろされているので、よその次元やよその惑星からは、ビザがないと地球には、入れません。地球は今まで無制限に侵略されていたからです。

そして、地球の人々が保護を求めていたからです。

地球に下ろされているベールとは、自分自身の無知から、侵略されてしまうことを防ぐベールです。そのビザにあたるのが神聖幾何学模様です。

アセンションしないと他の惑星に行けないようにされているのは、言い換えれば、**多くの人々が長い間、隷属させられてきたという事実を知らなかった、あるいは、知ろうとしなかったためであり、自身の無知に気がついた時、アセンションは成功するのです。**

「このままでいい」という人は、地球はアセンションしてしまうから、別のもっと低レベルの惑星に行くことになりますよ、それはあなたの選択だけど、結構厳しい世界なので、一緒に5次元へ行きましょう。

「覚醒」とは、アセンションするか、しないかの決断の期限なのです。そして、次にやってくるアセンションを準備しましょう。
これは個人のめざす霊格の高さによって異なります。
地球では5～12次元の高さまで行けますよ。
もう450万年もこの時を待っていたのですから。

パラダイスに行くのに、汚れものは始末して行きましょう。断捨離もよいことです。
地球で使った周波数は光で洗ってお返ししましょうね。
それは、内なる神ハイヤーセルフとコンタクトのトレーニングを開始しましょう。
最初は自問自答しているように感じますが、やがて崇高な答えが返ってきます。
優秀なナビゲーターがいつも、一緒にいてくれるような頼もしいことですよ。
だって私たちは、神の素材そのものなのですから、必ずできるのです。

★アセンションに導くセラピムのワーク

今回は、セラピムのワークをご紹介します。

目をつぶって、背中を自然にまっすぐに。ぐーっと肩を持ち上げてストンと落とすと、ちょうどいい具合のリラックス状態になります。

では、緊張しないぐらいの、ゆったりした呼吸をして下さい。

セラフィムというのは、熾《し》天使、九つの天使の最上レベルにあたる方々です。

セラピムは一人称、セラフィムは複数ということですが、今回はお一人をお呼びします。

お呼びする方法は全部一緒です。

光のイメージは、あなたがその日、気になる光線でやってみて下さい。

…………………

次のようにとなえます。

「セラピム、私のもとに来てください。
私の分離したマインドを切り離し、
ハートとつながる一つのマインドにして下さい。
そして、自分のカルマと先祖のカルマを溶かし、消去して下さい。
心安らかに、愛に満ちて。
心安らかに、光に満ちて。
心安らかに、愛に満ちて。
本来の神としての偉大なハートの力を強めて下さい。
マインドとハートを一致させて下さい」

深呼吸して、次のようにとなえます。

「神のテーブルに、私の席を用意して下さい。お願いします」

ゆっくり深呼吸。

…………………

こうすると、セラピムがあなたの体の中、マインドの中から分裂した邪魔なものをすべて取り去ってくれます。

光がめぐります。頭頂のクラウンチャクラから光が松果体《しょうかたい》（第三の目）を通り、喉を通り、ハート（神の座）にゆっくりとつながっていきます。

そしてそのハートから、光をゆっくりと、おへそ、仙骨、尾てい骨、足の裏から地球の中心へとつなげます。

すると、レディ・ガイア（地球）から、愛の光がかえってきます。

平和と穏やかさと愛が地球から、あなたの足の裏から、仙骨を温め、そしてハートを温め、そして第三の目を一致させ、そしてクラウンチャクラから創造主へ一直線につながります。

邪魔なものは、吐き出す呼吸と共に、外に放出されていきます。

ゆったりと心安らかに愛に満ちて、心安らかに光に満ちて、心安らかに愛に満ちて、本来の神の強さに戻っていきます。

ゆったりと深呼吸。

あなたのハートと第三の目とクラウンチャクラが一直線につながり、創造主と一体となり、ゆったりと深呼吸をし、そして今ここに戻ってきて下さい。

「セラピム、ありがとうございました」とお礼を申し上げましょう。

あなたのリズムでいいですから、ゆっくりとこの部屋に戻り、ゆっくりと目を開けて下さい。

エジプト上空を守り、アセンションを強力に支えているマスター、セラピス・ベイ

マスターの一人、セラピス・ベイをご紹介しましょう。

セラピス・ベイは、「300（スリーハンドレッド）」という映画で、スパルタの王レオニダスとして登場します。

現世ではそうでしたが、あれだけの豪胆な男はアセンションして、セラピス・ベイと名前を変えてエジプトへ赴き、上空を守り、現在でもアセンションを強力に支えています。

ここで「あんなに多くの人を殺しておいて！」と疑問に思うかも知れませんが、魂は永遠で傷など与えられないのです。地球服を脱ぐだけなのです。私たちも一度も死んだことは、ありません。

セラピス・ベイはエジプト・ルクソール神殿の上空に、トレーニングルームを持っているのです。

トレーニングの場所は、シャスタ山の中にも、アシュータター・コマンドの母船の中にもありますので、あなたのハイヤーセルフに「ハイヤーセルフ、自分にふさわしい場所で、トレーニングして下さい」とお願いすると、寝ている間にトレーニングしてくれます。

素敵でしょう！

日本の高波動を保つ「水の尊さ」を見つめましょう

ここで水の重要性について、お話ししておきましょう。

母なる地球にとっても水は神聖です。水が損なわれたら、地球は死ぬのです。

水は大事にしないといけませんね。

日本の波動が保たれているのは、きれいな水がふんだんにあるからです。

日本はそういう意味でも特殊な国といえます。民話の世界にも「水を汚せばバチかぶる」という教訓がたくさんあります。

そういう**水の尊さを、私たちはもっと見つめていきましょう。**

江戸時代、江戸とパリは同じ100万人都市でした。当時、セーヌ川の水は汚れ、水売りがいました。江戸は下水奉行がいて、隅田川にも白魚が泳ぎ、料亭が軒を連ねていました。公害を全く出さないエコシティは日本に存在していたのです。

台所を扱う者は、洗剤や汚れものの始末に心を配りましょう。

森を護れば、水が清らかになり、川も海も、自浄作用で美しくなります。

アトランティスの時代にも、ひどい公害があったそうです。その頃はもうすでに地球を護る女神官を排除しているし、地球を顧みていなかったからです。

私たちが地球を大事にするということは、私たちの生存そのものなのだということですね。おざなりでなく、もっと地球への愛をきれいごとにしていかないと、足元の地球の存続に関わります。

女性が一番守るべきはここですね。

テクノロジーは、絶対に地球をないがしろにしてはならないのです。

アトランティスを壊滅させたのは地球です。

女性たちが地球を感じて、地球の愛を体感できれば、子供たちに伝えることができます。次世代の子供たちに母の意識がどれほどの威力をもつか計り知れません。

サーファーやマリンスポーツに興じる男性たちが海の汚染に敏感なのは、海を体感しているからですね。

真理は、体感がないと押し通せないところがありますね。

私は斬新なテクノロジーや今後現れるであろう若返りのテクノロジーは、とても魅力的だと思いますが、「本当にそうですか、地球を汚しませんか？　アセンションに必要な脳や肉体を損ないませんか？」と真剣になります。

自然界へのダメージや、アセンションに必要な見えざる人体の機能は、未だ解明されていないので、3次元的発想では人体機能を損なうことにもなりかねません。

でも、もしマインドだけで考えていたら、「誰かがやるから、別にいいんじゃない」というふうに、気軽にとらえてしまいますね。


水を一番汚染しているのが台所洗剤や洗濯洗剤だということはご存じでしょうか。

私たち一人ひとりが、「誰かがやってくれる」というスタンスではなく、地球とつながって体験していくことが必要です。川や海を汚染しない洗剤の選択なども心がけましょう。


それは自然の中に入って「レディ・ガイア、愛しているわ」という静かな時間を持つことにより体感できます。最後にも申し上げますが、地球は生命体じゃないと思っている人もいますが、地球はあなたを特定し認識しているのです。

だから、「地球よ、愛しているよ」と言うと、すぐに反応してくれます。

とくに自然の豊かな場所でそれをやると、よく分かります。

あなただけに分かるサインを見せてくれます。

公園のベンチや自然の中で、ぜひ「地球よ、愛しているよ」と言葉をかけてほしいと思います。

古神道の叡智——日本がアトランティスの支配を免れた理由

日本は、土星の最高評議の決定で金星より最初にサナート・クマラ、その妻マスター・レディービーナスと14万4000名のマスター・クマラが降り立った場所です。

そして、幸いなことに、日本はアトランティスのトート・ヘルメス統治の目に入らなかったのです。

彼らには透視能力もあったはずなのに、その支配から日本が守られたことは奇跡です。

ひとつには、古神道の思想があるからだと思います。

「すべてに命が宿る考え方」を大切にしていたので、守られていたのでしょう。

マスター・マーリンは、「アトランティス文明が滅ぼされた時に、その文明は島国日本に、あたかも魔法のように突如姿を現した」と言っています。

古神道の恩師は、著者のJ・R・Rトールキンとコンタクトをして「『指輪物語』のフロドやガンダルフ、エルフたちが船出して向かった先は日本だよ」と話されました。

現代の世界にあふれる最新テクノロジーの理論が、いわゆる地球不在のマインドが、これらの知識を大幅に乱しています。

それでもなお、これらの知識は、日本の古神道の神々や天使の秘密の科学だけでなく、サナート・クマラの教えそのものが、門外不出の伝統として守られています。

名古屋から九州にかけての日本南部の岩石には、今も古の神々に寵愛された者たちに、いつの日か明らかにされるであろう、数多くの秘密が隠されているのです。

これは、**「すべてに神が宿る」という考え方です。**

古神道の究極はそれです。

日本神界は、5次元を統べる神々に変化しています

太陽神はアポロンにみられるように男性神なのです。天照大御神様《あまてらすおおみかみ》は皇室の護り神様、この方がお立ちになられたので、天照国照彦天火明櫛玉饒速日尊（あまてるくにてるひこあまのほのあかりくしたまにぎはやひのみこと）が封印されたと聞いています。

そして、御妻神の瀬織津姫様《せおりつひめ》も封印されました。

古代の御社は、多く瀬織津姫様であったそうです。水で清めをする祓戸大神様《はらえどのおおかみ》なのです。今回永らく封印されていた瀬織津姫様がお立ちになりましたが、つかわしめは龍神様なので、やはり水で浄めます。

この時期にお立ちになるのは素晴らしいことだし、日本神界だけでなく宇宙を包括する神として、饒速日大神様《にぎはやひのおおかみ》と瀬織津姫様がお立ちになりました。

そういう意味でも**日本神界も、3次元を牽引した神々から、5次元を統《す》べる神々に変化しているのです。**

瀬織津姫様は神々の部類です。大天使ミカエルも瀬織津姫様が現れると、少し緊張なさるようでした。

ワクチンを接種したあとの免疫力低下はくい止められないものかと、大天使ミカエルに相談し「光の手引き」の小冊子を私費出版しようと考えていた時に、瀬織津姫様が現れて「カタカムナ正7首を載せるとよいです」とのことでした。

「ご覧になるだけでも良い」とのことでした。瀬織津姫様が発動して下さいます。

この首には造化三神、最初に成り出た三種の神々の御名前が記されています。

アメノミナカヌシ（天之御中主）、タカミムスヒ（高神産巣日）、カムムスヒ（神産巣日）です。神々の世界も5次元のアセンションのために、根源にお還りになる準備が整えられているのでしょうね。

御参拝のお作法も二礼二拍手一礼から、三礼三拍手一礼となることでしょう。

カタカムナは偽書であるとされ、物理学者の楢崎皐月《ならさきこうげつ》氏は世に認められず他界されましたが、30年以上にわたる研究成果が報われて名誉が回復されることを、心から祈って

【正第7首】

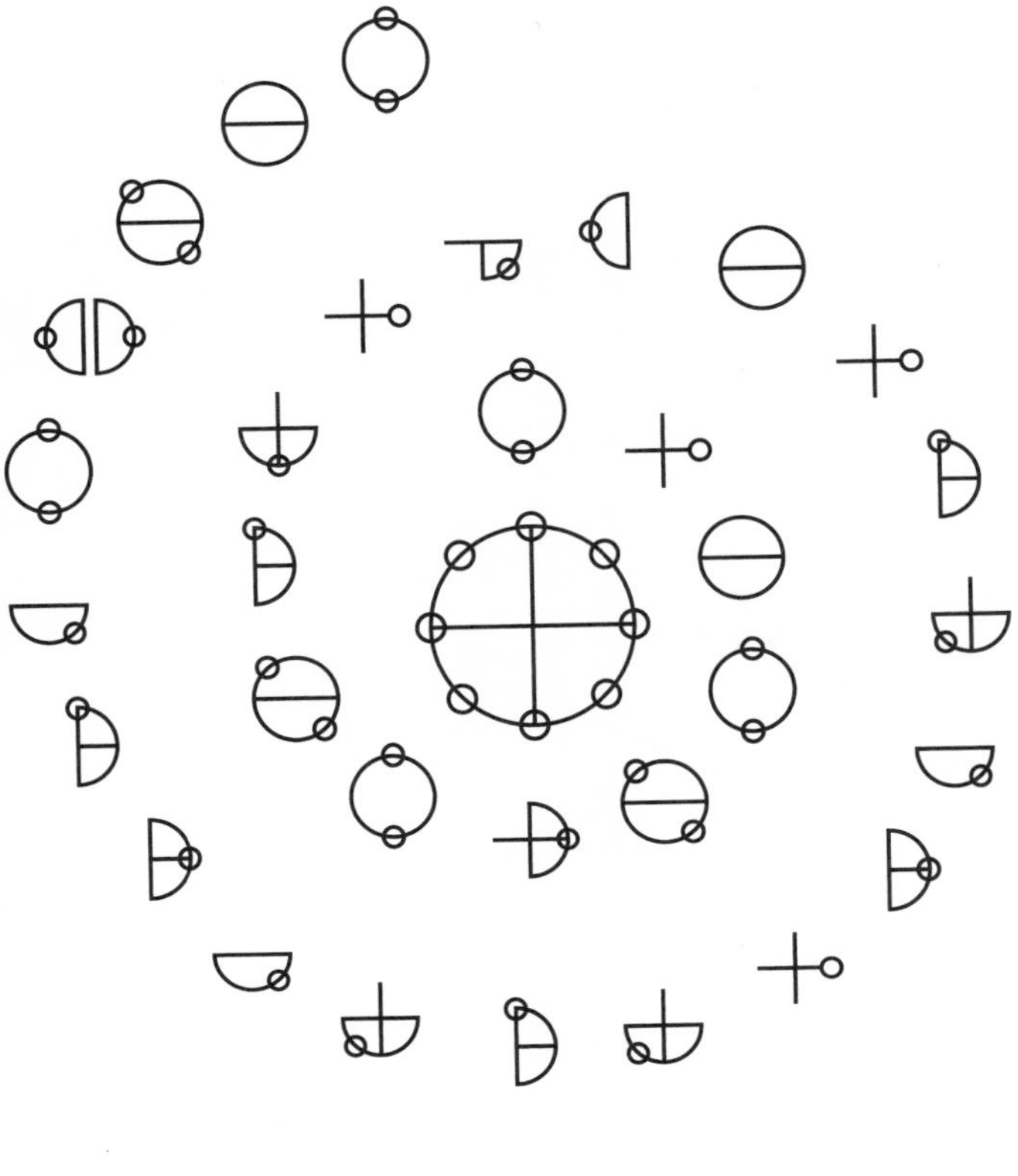

おります。

プレアデスの人だけが、5次元に戻る「強力な浄化力」を持っています

本書の出版にあたり、「無垢」ということを考えさせられました。

第2章でも書きましたが、大事な点ですので、最後にも申し上げます。

無垢な人は、プレアデスから来ている人に多いです。

「危ないな、オオカミに襲われないといいな」と感じる女性や、「この地球に生きながら、よくこんなに純粋でいられましたね」「こんな穢《けが》れのない人がよく結婚して、この世知辛い世界で子供を育てていますね」と思うような人が多いのです。

それは、**プレアデスの人だけが、5次元に戻る「強力な浄化力」も特別に持っているからです。**

スターヒーリングでいろいろと邪魔なものをはずすと、プレアデスの人だけが、独自

ではずせるものを持っているのです。

「無垢」であったのは、プレアデスばかりではありません。

人類も「無垢」ゆえに〝欺まん〟という落とし穴に落ちたのです。

そして、堕落の道を下降しました。

「無垢」であったら、「無知」であってほしくないと思います。

やはり、この本に書いたような知識も持ってほしいと思います。

なぜ神の回線のことをしつこく言いたいのかというと、**神との回線が太ければ、闇がブレーンジャックする（遠隔から脳の機能に作用する）ことはできないし、変な輩もそばに来られないからです。**

まず、ハートで想い、一つのマインドで望みに焦点をあて、クラウンチャクラで統合し、内なる神を通して創造主とつながる習慣をもつことが必要です。なぜかというと、闇も、生き地獄のような苦しみや痛みも、新しく生み出すカルマもすべて入らなくなり、闇と無縁になるからです。

「無垢」なら「徹底的に無垢になれ」ということです。

そうしたら、変なものは寄りつけなくなります。

しかし、免疫がないのも困りものなので、情報を取捨選択する力を身につけて下さい。

どんなけがれた情報をも浄化できる、強い自分軸を確立して下さい。

歪んだものを、鵜呑《うの》みにせず、自分のハートに照らして、奥にある真実を見透す眼力を磨いて下さい。

「見えざる力に護られる」人生を送るために

子供に関しても思うことは一緒です。

幼児教育に関して、要領の悪い子供を持つお母さんから受けたこんな質問があります。

「処世術、渡世術を教えたほうがいいですか？」

私はこれを何年も心の中で「はたして、どちらがよいのであろうか？」と保留にしながら、多くのケースを観察していました。

確かに世の中を見ていると、要領のいい子は得をします。

おもちゃを奪われたり、泣いていると口の中に砂を入れられたり、他の子供のやったことで怒られたり、弁明できずくやしい思いをする、けっこうシビアな子供時代となります。

でも、結論としては「ハートで想う子に育てて下さい。渡世術なんかなくても、損してもいいですから、一見損をしているように見えても、有形無形に神々に護られます」という結論に達しました。

徹底的に正直なハートで想う子に育てたら、大天使やアセンデッド・マスター、神々が守護してくれるのです。

母親としては、自分の子供がいじめられて、要領のいい子がうまくやっていくのは切ないですね。でも、耐えさせるのではなく、「おもちゃは僕のだから返して！」と言わせて下さい。

それで、返してくれなくても、「よく言えたね。○○ちゃんは勇気があるね。素敵だね、愛しているわ」と言って下さい。そして、あなたが取り返してきて下さい。「このおもちゃは○○ちゃんのだから返してね。使いたい時は○○ちゃんにお願いしてね」と。

よく「子供の喧嘩に親が出るな！」とは言われますが、理不尽なことが行われようとした時は、大人は裁判長として適切なジャッジを行ってあげることです。

子供は幼い姿をしていますが、子供は神の子なので理不尽さを許しません。大人が歪んだジャッジをすると、生涯残りますよ。

たとえば職場にも、「この人の部下になる人はラッキーだな」と思うような上司がいますね。私がいたのは大企業でしたから、一度に何十人も新人が入ってきます。

そうすると、ちゃんと無垢な子が、良い上司のいる部署に配属されるのです。

長年そういう現場を見た経験から**「見えざる力に護られる」**と、納得しています。

それでも人生には数多のことが起こりますが、無垢な人は、大天使たちが未然に不幸や邪悪なものから防いでいることは間違いありません。

「大難を小難に、小難を無難」にしましょう。

おすすめのテレビドラマがあります。「グッド・ドクター　名医の条件」です。カリフォルニアの聖ボナベントゥラ病院が舞台で、自閉症で天才的な記憶力や空間認知能力を持つサヴァン症候群のショーンが、医師として、人として成長していく姿を描いた感動の名作です。

地球のパワーバランスは、まだ綱引き状態です

アセンデッド・マスターや天使たちは、本人に気づかせないで応援していたり、危険も未然に防いでくれることがたくさんあります。

今までグレート・セントラル・サンや金星のサナート・クマラをはじめ、いろいろなマスターたちが地球のアセンションのために来ていて、どれだけ未然に防いでいるかわかりません。

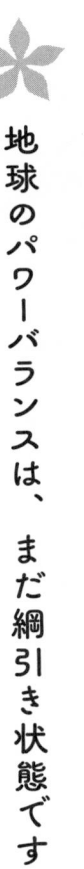

起きていないからわからないだけで、本当に巨大なハリケーンなども小型にしてくれたり激甚災害をできるだけ小規模にしているのです。

私たちの思いが動物、植物にもろに影響するのと同時に、天候にも大きな影響を与えているということを、一人ひとりが認識することも大切です。

レムリアの頃、損得ではない、心に曇りのない、神官や女神官が統治していた頃はハリケーンなどもなく、天候は穏やかでした。

でも、国の統治者の支配欲や損得勘定をもとに統治した時、人間の中に闘争心が生まれることによって、動物たちが殺し合い、天候は荒れて、人々を巻き込むほどの大洪水や氷河期が起こるようになりました。

氷河期は、地軸のブレによって起こります。

地球の真の磁力は、プレアデスに向かって地軸を使っていると、きれいに磁力が流れるのだそうです。

現在は、大熊座と小熊座の間の北極星に地軸が向かっています。

昔、大熊座、小熊座は、神のエリアで、オリオン大戦の戦闘に巻き込まれた時も、どちらの星系も中立でしたが、力が弱かったためにダークロードの拠点になってしまいました。

だから、地軸がそちらに引きずられると、闇側になってしまいます。

地球ではまだ綱引きが存在しており、地球上のパワーバランスと磁気バランスに影響を与え続けているのです。

でも、もう大物のダークロードはいないので、地軸はこれからプレアデスのほうに向かうと思います。今だ残党も残っておりますので、油断はできませんが、まず自分の内側に平和を呼び戻して、自身の内部から争いをなくしましょう。

人間に内在する自然エネルギーの活性で、アセンションは必ず成功します

ほとんどの生物を滅ぼした氷河期は、いわゆる「地球リセット」のために起こりました。

私たちはそれが起こらないように「地球には、意志がある」ということを知り、動物界や植物界が、私たちのネガティブな思いをもろに受けているということを知ることが大切です。

それは、植物に声をかけるとよく生長するとか、飼っている犬は人の心が分かるとか、そういうレベルの話ではありません。

私たち自身の肉体そのものも、ディーバが自然界の素材でつくっているのです。

だから、誰からも聞いたことはないでしょうが、私たちと全く同じ人形《ひとがた》のディーバが存在しているのですよ。

人間に生まれたということは、先祖のカルマをすべて引き受けるということ。異星人の支配のもとに今世のカルマをすべて積み足してカルマダルマになったということは、自然界の彼らの自由を蜘蛛の糸にからめたようなものです。

私たちが自由になるということは、天使やディーバの王国が復活し、動物、植物の自然界が自由を取り戻すということなのです。

「女神の復権」は女神の得意とする、人間に内在する自然エネルギーの活性であり、復権することは、さながら森林が増えるようなものです。

地球のレディ・ガイアは、「ただ尊敬を示してくれるだけでいい」と言っています。

これまで人間は核実験をしたり、地雷を埋めたり原爆で破壊したり、さんざんなことをしましたが、それでも許しているのです。

地球は生きていて、レディ・ガイアはその地球のエネルギーを司っているので、地球は土の塊ではなく、意志を持ち、愛情深く寛大な生命体なのだという理解が必要です。

アセンションには、そういうことも全部複合的に含まれます。

地球への思いや、天使やディーバ、神々への思い、そういうものを自分の中で体感し納得した時に、個人的に起こることがアセンションです。

その時に、女神も復権します。

女神が自然を司る力、具現化する力を取り戻す、それが復権です。

それは、地球と密接に関わり、調和すると加速しますよ。

元々人類は、植物とも自在にコミュニケーションができていました。

その気になったら、私たちも植物と会話ができるはずです。私たち個人個人が司っていたわけですから。

そこに取り組むこと、**まず女神が、自然エネルギーパワーを自分自身に豊かに生じさせると、アセンションは必ず成功します。**

先祖のカルマとは、果たせなかった夢や希望が妄想、夢のかけらとなって、血中や体の中をただよい、同じような条件が揃うと、どす黒い疑いや勘ぐりとなって暴発し表面化します。

その先は「失敗のイメージ」が必ずつきまといますよ。

先祖の失敗の再体験です。

この時こそ、カルマの正体が現れた時です。

その時顔は、般若《はんにゃ》のような鬼の面になっています。子供は即座に反応し怖がりますよ。

それは、浄化のチャンスです。

手の平を強力な磁石にして、第三の目のあたりから疑ぐりや勘ぐりを、鬼の面を外すようにイメージでとり出して、「神よ浄化し、完了したまえ」と言って、光で包み天に返します。

胸（ハートクリスタル）に手を置き、天上界からの光の粒子を浴びます。

あなたの功徳をもって、先祖の見果てぬ夢を完了させてあげて下さい。

夢を実現するためには、自然エネルギーが欠かせないのです。

精神エネルギーと身体エネルギーのバランスがとれている人は、自ら自然エネルギーを創り出すことができます。それは直観力の原動力となり、行動につながり、天使やディーバの力を得て実現するからです。

その自然エネルギーの根源は地球にあり、その護り手が女神官たちでした。

現在、多くの人々の夢の実現がしないのは、直観力が低下し、行動力につなげられないからなのです。自然エネルギーの不足です。

てっとり早いのは、自然の中でマイナスイオンの自然エネルギーをチャージすることです。瞑想も、ひとり静かに、レディ・ガイアとつながると、自然エネルギーがチャージされますよ。

アセンションとは、本当の愛する家族の待つ「懐かしの我が家」に帰ることです。

故郷から遠く離れた道を高速道路に乗って帰ることです。

そこには、一般道から高速道路にしようと決める、あなたの「意志」が必要です。

行き先を決めるナビゲーションを設定すると、快適なコンディションで走行でき、旅の楽しさを満喫する美しい風景が続き、ひと休みするドライブインでは天使やマスターたちがさらに快適な旅へのアドバイスをくれて、身も心もだんだん軽やかになって、自然の笑顔が戻って来てご機嫌！

「高速に乗ったほうがいいよ。ただし下り車線に気をつけてね。折り返し地点まで2万6000年かかるからね」と伝えてくれた友人のこと、信じてよかった！

あの人たちがライトワーカーとか、スターシードと呼ばれる人たちだったんですね。

これから本番のアセンションが始まります

2012年以降誕生する子供たちは、奴隷のインプラントや抑制コードはセットされていないので、自由になんでもやりたがります。一部の子は5次元を牽引してゆく子供たちです。存在が光となります。

従来の3次元教育システムでは無理で、新しい教育システムを構築する必要に迫られると思います。

注意することがあるとすれば、落ち着きがないので、地球にグラウンディングさせて下さい。その時は大天使サンダルフォンにお願いして下さい。確実にやってくれますよ。やってはいけない基本的なことは分かっていますので、3次元的な思考でおさえずに自由度を増してあげて下さい。この地球を愛することを教えて下さい。

これから、最も素晴らしい時期がやって来ます。

その時、自分たちが地球にやってくることを志願した理由をはっきりと認識することでしょう。

それが、どれだけ幸運であることか分かります。

私たちの魂の光が、この新しい時代の夜明けをもたらすことが、どれほど光栄なことかを嬉しくハートに収めましょう。

これから本番のアセンションが始まります。

その進化は、人それぞれで違います。この惑星では12次元まで昇ることが可能です。進化は、地球というアイデンティティーに、銀河というＩＤが加わることになるのでさらに枠を打ち破り、スケールが拡大します。

そして、また次のステージへ向かう新しい情熱に燃えるのです。

その道は、いつも創造主、大天使たち、ディーバ、神々、アセンデッド・マスターたちに祝福されているのです。

安全・快適、すべて順調の道のりです。

そして美しいドーナツ型のトーラスが、人間一人ひとり、そして地球を包み、天の川銀河全体を包み輝くことでしょう。

I AM PRESENCE!　SO BE IT!

終章

マスター・マーリン、大天使ミカエルとの対話

マスター・マーリンとの対話

稲垣　マスター・マーリン、なぜ、闇が生み出されてしまったのでしょうか？

マスター・マーリン　宇宙が誕生した遥かのち、世界には時間と空間のバランスを崩す力、神のワンネスのパワーと分離し、対立する自我の意志という力が生み出された。

この力はある破壊的な天使、ルシファー・サタンという名で知られる天使から生まれた。それは、神話の存在だとか、狂信的な信念の産物であるということではない。

これらの話には、やはり根拠があるのだ。

稲垣　マスター・マーリン、なぜルシファー・サタンは偉大な大天使なのに、堕ちてしまったのでしょうか？

マスター・マーリン　地球上に及んだ否定的な力、あるいは悪魔とみなされた者についてふれているが、これら一種特別な天使たちを悪魔とみなすのはよそう。

いや、実際そうみなすべきではない。なぜなら、彼らはそれなりに正義の士であり、パワーと全能なる神の栄光に満ちているのだから。

つまりルシファーとは、あなた方の多くが気づいているように、光を意味しているのだ。ルシファーは光り輝く星。実際まばゆいばかりに輝いていたので、神の天使たちは大いなる敬意と賞賛を持って彼を眺めていた。

今日まで、他の天使たちには決して許されない場所に、彼は座していた。

それは父なる神の隣だった。

稲垣　大天使たちは、神と共に創造する力なのに、ルシファーだけは、違ったのね。

マスター・マーリン　他の天使たちとは違い、最高位の天使であるルシファーは、単独で創造する力、独自に創造する力を有していた。

稲垣　人類も、神から「何でも創造してよい」という権利をもらっています。

マスター・マーリン　このルシファーの「パワー」と、人類の持っている「自己創造力」を混同しないでもらいたい。

人類は、創造性を有している。そしてその創造性は、天使たちの持ち合わせていないもの。これは共に創造していく力、独自の意見を持ち創造のための独自の考えを有する力。だが、その力は常に神の意志と調和を保っていくべきもの。

それが、本来計画されたものだが、それは長くは続かなかった。

というのも、そこに最強の存在、神が意図する以外のものを創り出し、自らが主となって好きなように振る舞える力を持った存在が現れたからだ。

ルシファーは、この創造のパワーを見出した唯一の大天使。

しかし、その創造は共同創造ではなく単独創造。

そこで彼は、自分の宇宙を創り出そうと決心した。

この物語は、キリスト教から仏教に至るまで、地球上の多くの文化に反映されている。古代インドのヴィスワミトラの物語にまで、この筋書きが反映されている。

独自のパワーと体のすべてを用いて、完全な自分の宇宙を創造することが彼の望むところだった。だがこれは、膨大な計画だということが、彼には分かっていた。ちょうど神が万物の創造を推進していく上で、天使たちの助力を必要としたように、彼も他の天使たちの助けが必要だった。

だがルシファーには、新たに他の天使たちを創造する力はなかった。しかし彼には説得する力、あるいは他の天使たちを説き伏せて、神が彼らのために準備した道を外れ、彼が言う「光明の道」へと誘い出す力を持っていた。

わが友よ、覚えていてほしい。

すべての存在は、尊厳を有している。

何人も、その存在たち自らが同意しない限り、何かを強制することはできないということだ。

結局天使たちは、ルシファーのパワーに惑わされ、チームをつくった。

「自分たちの銀河を創る」という計画を持ったチームを。

まず最初に、銀河を一つ……、世界を一つ創ることになっていた。

いや、いくつもの世界と言っておこう。なぜなら一つ一つの銀河の中には、何百万もの星の世界があるのではないか。そう、星であると同時に、それは知性的な生命体となるための何百万ものチャンスでもある。

わが友よ、覚えておいてほしい。

神の光のもとでは、星だと思っているものも「知性を持った光」なのだ。

知性を持った生命体。それが星。

一つ一つの星は、独自の心と意識を持っているのだ。

稲垣　神や他の大天使たちは、ルシファーの世界をどう見ていたのでしょうか？

マスター・マーリン　ルシファーがこの銀河といくつもの世界を創り始めると、ミカエル、メタトロン、ザドキエル、ガブリエル、ラファエル、その他何人かの大天使たちがやってきた。

まずミカエルが、次にメタトロンが、この宇宙で何が起きているかに気づき始めた。彼らはこの情報を神に伝えた。すると神は微笑《ほほえ》んで、「ルシファーがそうなることを望めば、それはもう既になされている」と言った。

ミカエルは片方の眉を釣り上げて、「神様、私たちが憂慮をしていることをお伝えしなければなりません」と言った

すると神は言った「それで良い」と。

そう、よかった……。しばらくの間は。

地球での数え方でいえば、遥か昔、ルシファーが銀河の形をした壮大な宇宙を遥か彼方の宇宙区に創造した。

実際それは、あまりにも昔のことなので地球上の年数に換算することができない。

後年、または光年期に置き換える必要がある。

だがここでは単純に、「ずいぶん昔」とだけ言っておこう。

稲垣　偉大なるエロヒム（熾天使）・オリオンまでも騙されていくのですね。

マスター・マーリン　オリオンは聖なる伴侶とたくさんの天使たち、最初の人間である偉大なるマヌの子孫とともにやってきた。

人間という生命体は、最初「実験的に創造された」ということを、あなた方は知っているだろうか？　一つの聖なるスパーク。そのスパークがマヌと呼ばれるもの。

オリオンの目的、それは彼の世界で人間が確立したものを監督することだった。

オリオンの意図もしくは最終目標は、人間を具体的にどこにそれぞれ住まわせるかということだった。彼は神の創造物、すなわち天使や人間やその他すべての生命体の創り上げた、あらゆる国々の間での相互交流のための調整システムを確立した。

とにかく、オリオンのシステムはうまくいった。そのシステムは、神の創造すべての中で、最も健全なものだった。オリオンは、神の愛とパワーを代表している。

彼は博愛の魂。愛とパワーを持って他のあらゆる魂に敬意を払った。それゆえに他のすべての魂たちも、彼に大きな敬意を払ったのだ。

オリオンは、おそらく理解するのが誰よりも早かったのだ。それゆえ、彼の創造はうまくいった。彼は常に、この宇宙の何よりも一歩先んじていた。

彼は常に、神の意にふれていたのだ。

オリオンは、自分の行いを過度に自負する傾向があった。

稲垣　この弱点をルシファーは、見逃さなかったのですね。

マスター・マーリン　ルシファーは、これが彼の弱点であることを知っていた。

ルシファーは、この裏側のあることに気づいた。神の神秘に似ているが、神のものでない衝動をオリオンが受け取り、それに反応して神の計画の一部でないものを創造したらどうなるのか？　その時点でルシファーは、自分の天使や神のスパークのない人間たちとともに、オリオンの世界に足がかりを持つことができる。

そこに分裂が創造され得ることになるのだ。これは策略だった。

オリオンに、あたかも自由意志を行使するかのように仕向けたのである。

自由意志とは、神の創造の連鎖から、また神そのものから分離すること。

オリオンは、その意志を「神の意」であると考え、それを行使した。そしてそこから誤りが生じた。

誤りとは、「創造の万物」と調和していない状態。

誤りとは、周囲に対して適当でないことを言うようなもの。

この誤りが分裂を生み出した。

その分裂により、オリオンのいる区域の門が開き、ルシファーの下にいる人間や彼の配下の他の存在たちが入り込んでしまった。

そしてそこにいる者たちを、指揮下に収めたのだ。

それが不和を生じさせた。

かつては愛と協調のもとで定期的に行われていた大会議は、もはやお互いに対するその愛は失われ、バラバラになってしまった。

稲垣　およそ450万年前、パラダイスは終末を迎え、オリオン大戦が始まり、被害をもたらし始めますね。

マスター・マーリン　地球への移住が始まる以前でさえ、オリオン大戦は大きな被害をもたらしていた。

さまざまな見解の相違が起きるようになった。

「神と強調している側」と、「ルシファーと強調している側」に分かれたのだ。

時が経つにつれて、ルシファーはさらに知られるようになった。彼は自分が知られるのを認めたのだ。

それ以前には、彼は姿を隠していた。

すでにオリオンにその存在を認められた者たちを大会議の場に参加させ、彼は分離を生み出し、オリオンを打破するために、「投票」というものを創造させた。

大天使ミカエルとの対話

※編集部からの質問を、稲垣氏が大天使ミカエルに聞いてくれました。

質問　大天使ミカエルさんのいる世界、12次元はどのような世界ですか。

ミカエル　簡単にいえば、光の数と周波数が違います。

質問　大宇宙に法則はありますか。

ミカエル　「神の法」というものがあります。また、銀河連合には、「銀河法典」があります。

質問　私たち地球の人間は、なぜ「内なる神性」を忘れてしまったのでしょうか。

ミカエル　それは「自分の思い」を、他者に委ねてしまったからです。

質問　なぜ地球には「制限」や「制約」があるのでしょうか。

ミカエル　当初存在しなかった場所に、さまざまな哲学やイデオロギーが持ち込まれ、あなたが「他者に期待した」結果です。

質問　地球創成期から現在まで私たちを見続けてきて、どのようなお思いをお持ちですか。

ミカエル　自由で生き生きとしていたあなたたちが、今、暗闇を抜けようとしています。
夜明け前は、一番暗い。

質問　レムリア・アトランティス時代、ミカエルさんの心に残っていることは何でしょうか。

ミカエル　ルシファー・サタンが創造した世界が、全宇宙に及ぼした影響です。

質問　そこから私たち人間が、学ぶことは何でしょうか。

ミカエル　いかに優れたリーダーであろうとも、内なる神と共にあることです。

質問　ミカエルさんから見た「宇宙のアセンション」の歴史をお話し下さい。

ミカエル　それは、膨大な話。今、言えることは、地球のアセンションこそ、大事なことだということです。

質問　「地球のアセンション」を迎えている今、ミカエルさんはどのように思って、見守っていますか。

ミカエル　地球のアセンションを、急ぐ必要があります。

質問　アセンションに必要なものは、何でしょうか。

アセンションに至るために、私たちがどうあるべきでしょうか。

ミカエル　心を神に合わせることです。

質問　私たち人間は、何をめざして生きていけばよいでしょうか。

ミカエル　自由で健康で、幸せになることです。本来の〝エデンの園〟に帰ることです。

質問　「幸せに生きる」とは、どういうことでしょうか。

ミカエル　神と共にあることです。

質問　ルシファーの魅力について教えて下さい。

ミカエル　ルシファーは光り輝く星、すべてを持っていました。

ただ一つ、「神の存在しない世界」を希求したことです。

質問　地球の未来、宇宙の未来について教えて下さい。

ミカエル　それは、あなたたちがよく知っている地球がアセンションを成し遂げ、パラダイスに向かうことです。

質問　地球の人間が「自主性をなくす」「自己卑下」「依存」「共依存」に陥ってしまうわけは何でしょうか。

ミカエル　マインド主導で生きたことと、ＤＮＡ操作とプログラミングがなされたことです。

質問　人間の多くに「お金持ちになってはいけない」「稼いではいけない」などという

「お金に対するブロック」があるのはなぜでしょうか。

ミカエル　お金は、３次元をコントロールできるのです。奴隷として生きる「低レベルの操作」がなされていることもあります。

質問　なぜ病気があるのでしょうか。先進国で特に問題なのは、がん、心臓、脳梗塞、認知症です。

ミカエル　心が平安と穏やかさに包まれていれば、病は存在しません。病は人間が創りしもの。

質問　ミカエルさんはじめ、私たちが天使とコンタクトをとるには、つながるには、どうしたらいいですか。

ミカエル　あなたが心を鎮めて、ハートから、そう願えばいいのです。

質問　そのメッセージは、どのような形で来ますか。

ミカエル　人々の個性と、ケースバイケースです。

質問　そのメッセージを、最初は気づかないと思いますが。

ミカエル　最初はエゴと見分けがつかないかもしれないけれど、やがて、分かる日がやってきます。

質問　世界的に異常気象、噴火、地震がふえている原因は何でしょうか。

ミカエル　人類の集合意識によるものです。

質問　コロナウイルスがこんなにも流行ったのは、なぜでしょうか。
また、ウイルスさんが、人間たちに伝えたいことがありますか。

ミカエル　邪悪な手によりし創られましたが、コロナも生命体です。
やがて、光のもとに帰ります。

質問　コロナパンデミックを機に、私たちは何に気がつけばいいでしょうか。

ミカエル　他者に意見を委ねず、内なる神につながることです。

神の法は、昔も今も変わらず、「愛こそ最強の力」と知るべきです。

地球を大事にしてほしい。

レディ・ガイアは、本当に寛容で忍耐強い。私たちは称賛しています。

質問　宇宙は膨張していますか、それとも縮小している……。

ミカエル　宇宙は膨張し、ある部分は縮小していると言える。宇宙は活発な生命活動の場なのです。

質問　ブラックホールとは何でしょうか。

ミカエル　大食漢で、すべてを飲み込み、高エネルギーのジェットを放出している。

質問　ダークマターとは何でしょうか。

ミカエル　そのうちに、科学者はダークマターが相互作用をすることに、気がつくだろう。

質問　科学者に送りたいメッセージはありますか。

ミカエル　かつて地球は、今の文明よりも遥かに進んでいたのです。しかし、どのような文明であろうと、地球への愛、人類への愛、生きとし生けるものへの愛が欠けていれば、早晩、消えゆくものであろう。

質問　近いうちに「宇宙旅行」が始まりそうです。私たちに伝えたいことはありますか。

ミカエル　それは、そうしたいのであれば、するとよい。

あとがき

ご縁あるみなさま、お読みいただきまして有難うございます。

わたくしの究極の目的、アセンションに向けて日々の探求と情熱はますます、燃えております。

マスター・マーリンのお導きによる真実のレムリアとアトランティスの歴史は、わたくしを大きく成長させてくれました。

この壮大な歴史絵巻が、旧約聖書を題材にしたジョン・ヒューストン監督による映画「天地創造」、オリオン大戦をベースにしたジョージ・ルーカス監督の「スター・ウォーズ」、20世紀最大のファンタジーと言われたJ・R・R・トールキンの『指輪物語』をしのぐ真実のレムリア・アトランティスの題材として、霊格の高い監督の登場によって、いつの日か映画化され、多くの人々のアセンションへの福音になることを、心から願っています。

この作品を理解して世に出してくれた編集者、豊島裕三子さんは、実に聡明な方でこの人のご尽力は大きいものでした。

純粋な心で卓抜した霊視のできる森山佳余子さんのお力と合わせて、マスター・マーリン、大天使ミカエルもお悦びです。

協力をしてくれたパートナーと友人たち、そして未来の友人たちに感謝しつつ、心に収めます。

「内なる神に、恋をせよ」by Ramtha

美しい満月から朝日射す、汐留より

稲垣説子

稲垣説子（いながきせつこ）

慶應義塾大学卒。42ヶ国153都市を優雅に旅する。スターヒーリング・インターギャラクティック・エネルギーシステムのヒーラー（世界初８名の一人）。３次元と５次元に強い。日本文化・芸術に造詣が深い。主宰する「人間力セミナー」は、生涯忘れられない、と高評価を得ている。アセンションの牽引役、14万4,000名のマスターの一人。

〈mail〉：setsuko0899@gmail.com

アセンションボディになる
願ったことが必ず叶う12次元世界に戻る秘密

第1刷　2021年12月31日

著　者　稲垣説子
発行者　小宮英行
発行所　株式会社徳間書店
〒141-8202　東京都品川区上大崎3-1-1
目黒セントラルスクエア
電　話　編集(03)5403-4344／販売(049)293-5521
振　替　00140-0-44392

印刷・製本　大日本印刷株式会社

ISBN978-4-19-865381-1

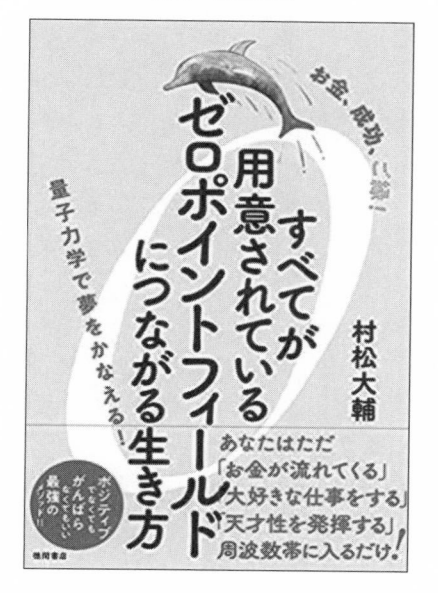